I0340340

www.ingramcontent.com/pod-product-compliance
Lightning Source LLC
Chambersburg PA
CBHW071857290426
44110CB00013B/1178
* 9 7 8 0 9 7 5 6 0 1 7 5 4 *

آگاهی و آزادی

محتویات این کتاب بصورت دی.وی.دی و سی.دی نیز موجودند. آیه ها و منابعی که در این دی.وی.دی و یا س.دی ها بیان شده اند در این کتاب قید گردیده اند. علاوه بر این، این کتاب پاورقیها در نقاط مختلف و همچنین سوالهایی برای بحث در پایان هر فصل نیز دارد.

برای اطلاعات در مورد کتابهای دانیال شایسته لطفا به آدرسهای زیر مراجعه کنید:

www.exodusfromdarkness.org
7spirits@gmail.com

آگاهی و آزادی

مقایسهٔ مفصل بین اسلام و مسیحیت

نویسنده: دکتر دانیال شایسته

کتابهای دیگر از همین مؤلف:
خانه ای را که ترک کردم
اسلام و پسر خدا
مسیح بالاتر از همه

Copyright © 2018, Exodus from Darkness, Inc.
حق چاپ محفوظ، سال ۲۰۱۸ میلادی، انتشار بوسیلهٔ سازمان خروج از تاریکی

حق چاپ این کتاب محفوظ است. اما انتشار و توزیع این کتاب چه بصورت کامل و چه بصورت جزعی آزاد است مادامیکه همهٔ محتویات این صفحهٔ "حق چاپ محفوظ است" از جمله نام مؤلف، دانیال شایسته، و نام سازمان صاحب انتشار، خروج از تاریکی، پیوست آنها بشوند. همچنین، اگر تمامی این کتاب و یا قسمتی از آن برای درس دادن استفاده بشود، در آنصورت برای اعتبار دادن به مؤلف کتاب لازم استکه نام او در برنامه ها و یا جزوه های مربوطه ذکر گردد. هیچکسی به هیچ عنوانی حق تغییر نوشته ها و محتویات این کتاب را ندارد.

مولف: دانیال شایسته، ۱۹۵۴
اگاهی و آزادی: مقایسهٔ مفصل بین اسلام و مسیحیت.
سازمان انتشار:

Exodus from Darkness, Inc.
York, PA, USA.
ISBN: 978-0-9756017-5-4
www.exodusfromdarkness.org
usa@exodusfromdarkness.org

محتویات

مقدمه ای بر آگاهی و آزادی(۳)
چرا به آگاهی فردی نیاز داریم؟ (۱۲)
چرا و چگونه فرهنگمان را ترمیم و پُرمایه کنیم؟ (۲۶)
نمونه هایی از زندگی عوض شدهٔ دانیال (۴۱)
خدا. آیا خدایی وجود دارد؟ (۵۷)
چگونه میتوان خدای حقیقی را از خدای دروغین تشخیص داد؟ (۷۱)
فرق بین خدای اسلام و مسیحیت (۸۳)
آیا خدای اسلام میتواند راهنمای خوبی باشد؟ (۹۸)
آیا از طریق اسلام با خدا در صلح هستی؟ (۱۱۵)
آیا قرآن کلام خدای حقیقی است؟ (۱۲۸)
آیا اسلام واقعا آخرین و کاملترین دین جهان است؟ (۱۴۶)
کدامیک، عیسی مسیح یا محمد، میتواند رهبر خوبی برای شما باشد؟ (۱۶۰)
رهبریت در اسلام هرج و مرج است (۱۷۱)
شریعت اسلام یا محبت عیسی مسیح (۱۸۶)
انسان به دوست نیاز دارد نه به دشمن (۲۰۰)
انجیل عیسی مسیح راهنماییهای عالی برای رابطه ها دارد(۲۱۴)

قرآن از پیامبر اسلام میخواهد که به کتاب مقدس توکل کند (۲۲۴)

اتهامهای اسلام به باور مسیحیان بی اساس است (۲۳۸)

سیاستبازی در اسلام باورهای خود اسلام را زیر پا میگذارد (۲۵۳)

آرامش رهایی از بلوف زدنها، دروغها و بازیهای سیاسی (۲۷۱)

نجات دهندهٔ دیگری بجز عیسی مسیح نیست(۲۸۳)

عیسی مسیح راه و راستی و حیات است (۲۹۴)

مقدمهٔ اول مؤلف

این کتاب اعتقادهای مسیحی را با اسلام و تا اندازه ای هم با دیگر باورها مقایسه کرده، پرده را از روی اطلاعاتی که مورد نیاز مبرم همه است برمیدارد، و آشکار میکند که چرا و چگونه معلمها و عالمهای اسلامی مسلمانها را در تاریکی گذاشته، هرگز نخواسته اند که آنها بعضی از حقایق باور خود را بدانند.

در حقیقت این کتاب انعکاسی است از آن چیزهایی که در مسیر مسافرتم از اسلام به مسیحیت آگاهی پیدا کردم. در این مسافرت بارها و بارها تعجب کردم که تا چه اندازه از طبیعت و انگیزه های سیاسی اسلام بیخبربوده شانس مقایسهٔ آنها را با دیگر باورها نداشته ام. ای کاش این فرصت زودتر به من دست میداد تا من هم میتوانستم از زیبابیهای عیسی مسیح زودتر با خبر بشوم.

چه افتخار بزرگی استکه عیسی مسیح زندگی مرا عوض کرد و مخصوصا اینکه به من توان داد تا انسانها را، از جمله مسلمانها را، از طوطئه های دینی و دنیوی که آنها را سر در گم میکنند با خبر سازم. دعای میکنم که محتویات این کتاب نور میلیونها مسلمان و غیرمسلمان

در جهان بشوند و به آنها کمک کنند که در عیسی مسیح که سرور صلح و سلامتی است پناه بگیرند تا هم در این دنیا و هم در آن دنیا صلح شادی افزا داشته باشند.

دانیال شایسته

مقدمه ای بر آگاهی و آزادی

بزودی بوسیلهٔ ۲۱ موضوع با شما گفتگوی طولانی ای خواهم داشت. قبل از اینکه وارد آن مرحله بشویم، میخواهم که در این مقدمه به حضورتان برسانم که من این موضوعات را آنچنان آماده کرده ام که بینمان بصورت گفت و شنود یا مکالمه ای باشند. هر چند ممکن استکه من نتوانم شخصا صدایتان را بشنوم، ولی با وجود این باز هم میخواهم که این موضوعات را مکالمه ای بخوانم مادامکه شما میتوانید به وجدانتان اجازه بدهید که حرف بزنند و شما را عملا وارد این مکالمه بکند تا بتوانید موضوعاتی را که از من میشنوید پیش خود سبک سنگین کنید. اگر وجدانهایمان را نادیده بگیریم آنگاه گفت و شنیدهای ما بیمعنی خواهند بود. بنابرین، بیایید که در آغاز این سری از گفتارها به هم قول بدهیم که هیچگاه صدای وجدانمان را نادیده نگیریم.

هر بحثی در این سری از گفتارهایم عنوانی دارد، ولی تمامی این سری را «آگاهی و آزادی» نامگذاری کرده ام. من رویارویی عجیبی با عیسی مسیح داشته ام. او به من یاد داده است که با آگاهی به زندگی نزدیک شوم، برای آن دلیل داشته باشم و از اطاعت کورکورانه هم دوری کرده بعنوان یک انسان آزاده زندگی کنم.

من در ده های اخیر شخصا و از طریق رادیو، تلویزیون و اینترنت با هزاران مسلمان تحصیل کرده و تحصیل نکرده، مدارا و خشن، روحانی و دو آتشه گفتگو کرده ام. دیده ام که چگونه بحثهای منطقی روی بسیاری از آنها اثر گذاشته دیدگاههایشان را عوض کرد و آنها توانستند به اهمیت آزادی در هر بخش زندگی پی ببرند. بخاطر این تجربه ها بود که تشویق شدم تا این موضوعها را آماده کنم و به این وسیله راه را برای میلیونها نفر، چه مسلمان و چه غیر مسلمان، آماده کنم تا رابطهٔ نزدیک و عمقی آگاهی و آزادی را ببینند. آزادی برای ما بدون نگاه عمقی به فرهنگ و باورهایمان، بدون کشف لکه های تاریک آنها و بدون پیدا کردن راه نجاتِ درست امکانپذیر نخواهد بود. به همین خاطر است که من عنوان «آگاهی و آزادی» را برای تمامی این بحثهایم انتخاب کرده ام. آگاهی و آزادی دو احتیاج مهم و حیاتی زندگی ما هستند. در معنی واقعیشان یکی بدون دیگری نمیتواند وجود داشته باشد.

خیلی از ادیان و باورها پیروانشان را در بیخبری گذاشته آنها را از آزادی محروم کرده اند. واضح است که این دینها و باورها نمیتوانند حکومت کنند اگر مردم آگاه و آزاد باشند. هر باوری که نمیگذارد پیروانش آنرا با باورهای دیگر مقایسه کنند و بهترین را پیدا کنند آن باور

مخالف آزادی انسانهاست. آزادی یعنی اینکه هیچ کسی و هیچ چیزی حق ندارد جلوی شما را از روشن شدن بگیرد. کسانیکه دلیل درستی برای داشتن باورشان ندارند آزاد نیستند و معنی حقیقی آزادی را هم نمیدانند. وقتیکه میگویید باورتان بهتر و کاملتر از همهٔ باورهاست آنگاه مسئولید که دلیلی درست و منطقی برای ادعای خود بیاورید.

بارها و بارها شاهد بوده ام که افراد با شهامتِ تمام به رویم گفتند که دینشان بهترین و کاملترین دین است. ولی بعد از آنکه از آنها درخواست کردم تا معنی کلمات بهترین و کاملترین را برای من باز کنند آنگاه فهمیدند که ادعاهایشان در مورد باورشان درست نبود. بخاطر اینستکه موضوعات این کتاب را آنچنان طرح کرده ام که تا با بررسی آنها بتوانید دلیلی برای ادعاهایتان داشته باشید.

برایتان بعد از گوش دادن به سخنانم به مراتب آسانتر خواهد شد که بدانید داشتن یک باور برای این نیستکه با دیگران رقابت کنید و یا اینکه بر آنها حاکم بشوید، بلکه ببینید که آیا آن باور به توان و ظرفیت خدادادی شما برای داشتن آگاهی و آزادی احترام میگذارد یا نه. یک باور درست باید مردم را به آگاهی عمقی در مورد

چیزها تشویق بکند. انگیزهٔ من از معرفی این ۲۱ موضوع گوناگون و مقایسه ای بین اسلام و مسیحیت برای همین است. میخواهم اهمیت حیاتی آگاهی را برایتان ثابت کنم تا ببینید که آگاهی تا چه اندازه برای داشتن یک باور درست به شما کمک میکند و به شما آزادی میبخشد.

یکی از موانع بزرگ در کشورهای اسلامی محدودیتی است که بر مردم تحمیل کرده اند تا مردم نتوانند اسلام را زیر ذره بین ببرند و یا اینکه آزادانه آنرا با دیگر باورها مقایسه بکنند. مردم اجازه ندارند که باورشان را موشکافی بکنند. مشکل فقط این نیست. مسلمانها همچنین مجبور هستند که همیشه از اسلام خوب بگویند ولی ارزشهای باورهای دیگر را هرچند اگر مفید و کامل باشند زشت جلوه دهند.

محدویت برای شناختن باورِ خودی و دیگران یک نوع اسارت است. اگر تشنهٔ آزادی هستی، باید ابتدا روی شناخت خودت کار کنی، موانع را در باور و فرهنگ خودت پیدا کنی و برای غالب آمدن بر آنها هم از بهترین روش استفاده کنی. آگاهی کلید اساسی برای داشتن آزادی است. بدون آگاهی احتمال زیاد دارد که ما وجدانمان را ساکت کنیم و کورکورانه به خدمت آنهایی بیفتیم که دنبال

فرصت میگردند که تا بخاطر ناآگاهی ما بر ما حکومت کنند. به همین دلیل استکه دو موضوع اول این سری از گفتارهایم را در مورد آگاهی شخصی و غنی‌سازی فرهنگی انتخاب کرده ام که باعث برانگیختن وجدان شما بشوند تا شما هم یقین پیدا کنید که بدون تشنگی برای آزادی نمیتوانید بر موانع غالب بشوید.

میخواهم بیادتان بیاورم که داشتن بهترینِ هر چیز آرزوی عمقی شما و همۀ انسانهای دیگر است. به نفع همۀ ماست که چیز خوب و سالم داشته باشیم. به خاطر اینستکه در زندگی روزمره از داشتن چیزهای بد و ناسالم امتناع میکنیم. این مسئله برای داشتن یک دین و یا باور هم صدق میکند. ما نیاز داریم که بهترین باور را داشته باشیم. خیلی ها بررسی نمیکنند که دین و یا باورهایشان درست است یا نه، بدون بررسی آنها را از پدرانشان و یا از اجتماعهایشان به ارث میبرند.

مردم نیاز مبرم به آن باوری دارند که در آنها اطمینان ایجاد بکند، به آزادی حق انتخاب آنها احترام بگذارد و همچنین الگویی را به آنها بدهد که بوسیلۀ آن به زندگی موفق برسند، در خانواده و در بیرون از خانواده نیز رابطه های صلح آمیز با همدیگر داشته باشند. برای داشتن یک چنین باور زیبا و بهتر ما به ذوق، باز بودن،

اقدامات شخصی برای بررسی و مقایسه، و بالاخره به تصمیمگیری شهامت آمیز نیاز داریم. داشتن یک چنین باور خوب نه اینکه فقط به نفع ما و خانوادهٔ ماست، بلکه بوسیلهٔ ما نیز در جامعهٔ ما درخشیده فرهنگمان را غنی خواهد ساخت. فرهنگ غنی نیز بنوبهٔ خود راه را برای مردم هموار خواهد کرد تا قاعده های موفقیت آمیز زندگی را برای داشتن یک زندگی بهتر و پرثمر پیدا کرده در هر گوشهٔ زندگی کامیاب بشوند. سرِ ما کلاه خواهد رفت و ما از هر نظر شکار نقشه های ناسالم فرصتطلبها خواهیم شد اگر فکر و دل و وجدانمان را بکار نگیریم.

دلیل اینکه موضوعات زیادی را در این سری گفتارهایم انتخاب کرده ام ایلستکه به شما نشان بدهم تا همان اندازه که آگاهی میتواند ما را آزاد کند، به همان اندازه هم ناآگاهی میتواند ما را به دام بیاندازد.

موضوعات را کم و بیش آنچنان ترتیب داده ام که نتیجه گیری یک موضوع قبلی باعث درک آسان موضوعهای بعدی بشود. دو موضوع اولی فایده های آگاهی را برایتان باز خواهند کرد و به یادتان خواهند آورد که شما فرداً هم ظرفیتش را دارید و هم اینکه قادرید هر چیزی را تجزیه و تحلیل کنید و در موردش آزادانه تصمیم

بگیرید. بعد از این دو موضـــوع، نمونه هایی از زندگیم را داده ام که چگونـه دیگران بـه من کمک کردند که تا فکر و دل و وجدانم را بکار بگیرم و آزادی خدادادیم را که فرصـــتطلبها بخاطر ناآگاهیم مرا از آن محروم کرده بودند بدست بیاورم.

همچنـانکـه دیگران بـه من کمـک کردنـد، من نیز وظیفـه دارم که به شـــما راه چاره را نشـــان بدهم تا شـــما هم به آزادی خود برسید. شما هم بنوبهٔ خود وظیفه دارید که به دیگران کمک کنید که تا آنها هم به آزادی خود برســـند. آزادی برای همه خوب اســـت. هر یک از ما نیاز داریم که پیام آوران آزادی باشیم.

بعد از بحث زندگیم، من پنج موضوع را به روش مقایسه ای به بحث خدا اختصاص داده ام تا هیچ چیزی در مورد خدا برای شما پوشیده نماند. کلمهٔ «خدا» در دین شما و در دینهای دیگر بعنوان پایه و مرکزیت دین قبول شـــده است. به همین جهت، ضروری استکه بدانید بر چه نوع پایه و یا ریشه ای بنا شده اید. با شناخت ریشهٔ باور خود قادر خواهید بود که تا تصـــمیم بگیرید آیا دین خود را نگهداریـد و یـا اینکـه آنرا ترک کرده بـدنبـال بهترین بگردید. ما برای انتخابِ بهترینها خلق شده ایم.

من همه چیز را در مورد خدا به رو آورده ام که تا با دلیل بدانید که آیا خدا وجود دارد یا نه. اگر وجود دارد آیا خودش را از شما پنهان میکند یا اینکه خودش را به شما آشکار میکند؟ همچنین یاد خواهید گرفت که چگونه خدای حقیقی را از خداهای دروغین تشخیص بدهید؛ آیا خدای شما راهنمای خوبی است یا اینکه نیاز دارید بدنبال خدای حیقیقی بگردید.

بقیهٔ موضوعها هم برایتان مشخص خواهند کرد که چگونه یک تصویر غلط از خدا در دینی میتواند تناقضهای فلسفی، دکترینی و رفتاری در یک جامعه ایجاد کند و بالاخره زندگی را به نابودی بکشد. همچنانکه جلو میرویم و مشکلات را بیان میکنم بهترین راه حل را نیز برایتان آشکار خواهم کرد.

نصیحت خالصانهٔ من به شما اینستکه به هویت خدادادی خود ارزش قائل شده فکر و دل و وجدان خود را در مورد هر چیزیکه از من میشنوید بکار بگیرید. لطفا به همهٔ این سری گفتارهایم گوش کنید و نگذارید که هیچگونه پشداوریِ از پیش ساخته شده شما را از گوش دادن به آنها باز دارد. به شما قول میدهم که اگر به آنها توجه کامل کنید به نفع شما و به نفع همهٔ شنوندگان مسلمان و غیر مسلمان خواهند بود. ممنونم از اینکه آماده

اید تا با هم قدم به قدم به آخر این سری گفتارهایم برسیم و نتیجهٔ خوب را هم بگیریم.

دانیال شایسته
۱۳۹۷ شمشی

چرا به آگاهی فردی نیاز داریم؟

آگاهی فردی در مورد باور خودمان و باور دیگران. همه نیاز دارند بدانند که زندگی بدون دلیل و آگاهی خوب پیش نمیرود.

بدون آگاهی از هر نظر عقب خواهیم ماند

آگاهی مانند چراغ روشـــنی برای راه زندگی امان اســت. مـا برای هر چیزی بــه آگــاهی نیــاز داریم؛ برای خرید خوراک، پوشاک، خانه و ماشین، برای انتخاب همسر و دوســت، پرورش فرزندان، برای پیدا کردن کار، باور و بهترین روشــــن زندگی، و برای هر چیز دیگر به آگاهی نیاز داریم. تصورش را بکنید که با چه مشـکلاتی مواجه خواهیم شـــد اگر چیزها را بدون دانســـتن کیفیتشـــان و یا اینکه شریک زندگی و دوست خود را چشم بسته انتخاب کنیم. پس، برایمان حیاتی خواهد بود که با بینش آن دسته از ارزشـــهای زندگی را انتخاب کنیم که میتوانند روابط اجتماعی، سـیاسـی و اقتصـادی ما را با دیگران صـلح آمیز، شادی افزا و معنی دار بکنند.

برای داشتن باور درست نیز به آگاهی نیاز داریم

همچنانکه اگر راه خود را نشناسیم، گم میشویم و به مقصد نمیرسیم ؛ با همین منطق هم اگر باور درستی را نشناسیم و انتخاب نکنیم از نظر روحانی و از هر نظر دیگر گم خواهیم شد و قادر نخواهیم بود تا با خدا همگام بشویم.

زندگی بدون آگاهی زیانبارست. انسان ناگاهی میخواست خانه ای برای خود بنا کند، ولی آگاه نبود که خانه را باید بر روی زیربنای محکمی درست کرد. بنابرین، خانه اش را بر روی زمینی که شنزار بود درست کرد. اما سیل آمد، زمین را شست و خانه فرو ریخت. اگر آگاهی داشت، خانه اش را آنچنان درست میکرد که در مقابل سیل دوام میاورد. پس به آن اندازه که برای زندگی کردن به هوا نیاز داریم، به همان انداز هم برای یک زندگی موفق به باور خوبی نیاز داریم که رونق دهندهٔ آگاهی باشد. زندگی باید یک پروسهٔ جستجو برای کشف بهترین راه و روش باشد تا بتوانیم نیازهایمان را به طرز زیبایی تامین کنیم. اگر بهترین روش زندگی را برای خود پیدا نکنیم آیندهٔ خوشی نخواهیم داشت. جستجو کردن در انسان یک هدیهٔ خدادادی است. پس تحقیق باید پاره ای

از باورمان باشد. ما نباید پیرو آن باورهایی باشیم که درِ تحقیق را به روی پیروان خود میبندند.

برای تصمیمگیری هم به آگاهی نیاز داریم

ما فرداً یا بعنوان عضو یک خانواده یا جامعه برای تصمیم گیری مناسب و بهره مند به آگاهی نیاز داریم. همچنانکه تصمیمهای فردی ما روی زندگی خود ما اثر میگذارند، روی خانواده و یا جامعه هم بوسیلهٔ ارتباطهایمان اثر میگذارند. پس، تصمیم خردمندانهٔ ما برای هر کسی خوب و بهره مند خواهد بود. اما تصمیم بیخردانهٔ ما برای هر کسی کم ثمر و یا بد خواهد بود، مخصوصا زمانیکه سرپرست یک خانه، یا یک شرکت و یا یک کشور باشیم. شما یک سرپرست هستید، یا اینکه دیر و یا زود یک سرپرست خواهید شد. شما برای یک زندگی موفقِ شخصی و یا خانوادگی نیاز به آگاهی کافی دارید که تا بتوانید تصمیم درست و حسابی بگیرید. پس، آگاهی برای هر چیزی حیاتی است.

برای گسترش آگاهی فردی چه قدمهایی را نیاز داریم که برداریم؟

میخواهم که ده قدم اساسی و وابسته به همدیگر را برایتان بیان کنم.

اولین قدم اینستکه، باید چشم و گوش خود را باز کنیم

چشم برای دیدن است و گوش هم برای شنیدن. آنهایی که چشم و گوش خود را به این فلسفهٔ ساده میبندند و یا اینکه مانع دیدن و شنیدن دیگران میشوند، خود را در مقابل خدا و انسانیت خوار میکنند. چشم و گوش خدای حقیقی همیشه بازست. یک انسان حقیقت طلب هم باید اینگونه باشد. اگر از چشم و گوش و مغز و دلمان برای کشف حقیقت استفاده نکنیم به زندگی پر باری نخواهیم رسید. آدم حقجو نیاز دارد که باورها را ببیند و گوش خود را به پیام آنها فرا بدهد، تا بتواند آنها را با هم و با باوری که خودش دارد مقایسه بکند. بعد بهترین را برای خودش انتخاب کرده و با منطق آن هم زندگی کند. هر کسی و یا باوری که مانع جستجوی شخصی شما برای کسب حقیقت باشد آن شخص و یا دین نمیتواند درست و یا مهرپرور باشد.

دومین قدم اینستکه، باید هم موانع آگاهی را پیدا کنیم و هم راه چارهٔ آنها را

چه چیزهایی مانع یادگیری شما هستند؟ آیا باورتان مانع آگاهی شماست؟ آیا خود شما سد راه آگاهی هستید؟ آیا خانواده شما است؟ آیا مشکلات سیاسی و اجتماعی

هستند؟ آیا دولت یا رهبریت است؟ این موانع هر چه که میخواهند باشند به ضرر شما و خانواده اتان و کشورتان و حتی جهان هستند، و در کوتاه و یا دراز مدت نیش خود را به شما و دیگران خواهند زد. پس باید این موانع را در همهٔ جوانب زندگی خود کشف کنید و با پیدا کردن راه چاره خود را از آنها نجات بدهید.

سومین قدم اینستکه، باید وجدان را بکار بگیریم

وجدان یک نمایندهٔ عجیبی در درون ما برای طرفدای از درستی است. شما نباید وجدان خود را به اسارت خود در آورده باعث خاموشی آن بشوید. اگر وجدان کسی خاموش بماند آن شخص از نظر روحانی مرده ای بیش نیست. وجدان آزاد حق را به آن کس میدهد که حق با اوست، حتی اگر آنکس را دوست نداشته باشیم. انهایی که به حقوق دیگران بها نمیدهند کسانی هستند که وجدان خود را بی ارزش به حساب میاورند. آنهایی که بهترین روش و یا نصیحت را رد میکنند آنهایی هستند که اعتبار وجدان خود را رد میکنند. کسی که وجدان خود را نادیده بگیرد، نمیتواند حقوق دیگران را رعایت بکند. وجدان آزاد به ما اجازه نمیدهد که حق و آزادی دیگران را، حتی اگر مخالف و یا دشمن ما باشند، خوار بشماریم. وجدان آزاد به ما میاموزد که هیچ فرقی بین شاه و فقیر، رهبر

و پیرُو، ارباب و برده، شوهر و همسر نیست، بلکه همه انسان و حق آزادی دارند. پس هر چیزی که، حتی اگر باورتان، وجدانتان را محدود میکند باید از آن دوری کنید.

چهارمین قدم اینستکه، باید بهترین را با تشنگی بطلبیم

اگر ما تشنگی خود را عنوان نکنیم، کسی به ما آب نمیدهد. دانش در مورد ارزشهای خوب نیز بدون تشنگی و برداشتن قدم بدست نمیاید. آیا در آرزوی شناختن بهترین و پر ثمرترین روش زندگی هستید؟ اگر هستید، پس نیاز دارید که با تشنگی برای کشف آن جستجو کنید. تشنگی برای شناختن استکه ما را تشویق میکند تا در جستجوی حقیقت قدم برداشته آنرا پیدا کنیم و از چنگال باورهای نادرست آزاد بشویم.

پنجمین قدم اینستکه، باید آزادی را شخصا تمرین کنیم

انسان طوری خلق شده است که اگر آزادی اش را تمرین نکند از هر نظر عقب میماند. ما برای جستجوی حقیقت به اختیار و آزادی فردی نیاز داریم. همانطوریکه ما مسئولیم تا حقیقت زندگی خود را فرداً و بوسیلهٔ زندگی شخصی خود نشان بدهیم، همانطور هم این مسئولیت فردی ما ایجاب میکند که در جستجوی حقیقت خودمختار

باشیم. اگر شما در جستجوی حقیقت خودمختار نباشید، حقیقت در شما مفهومی نخواهد داشت. همچنین، بدون اختیارِ کامل ما قادر نخواهیم بود که با تمام دل و توان برای کشف حقیقت مایه بگذاریم. از طرف دیگر، ما حقیقت را نمیتوانیم کامل داشته باشیم، اگر برای جستجوی حقیقت آزادی کامل نداشته باشیم. به همین دلیل، اگر باور شما و یا هر چیز دیگری در جامعه آزادی شما را برای کسب آگاهی محدود بکند نمیتواند در ادعای خود برای حقیقت صادق باشد. شما باید راهی پیدا کنید که تا بوسیلهٔ آن از اسارت آن باور و یا آن چیز آزاد بشوید.

آگاهی بدون تمرین آزادی بدست نمیاید. ما فقط در محیط آزادست که میتوانیم اطلاعات درست را برای یک زندگی سالم بدست بیاوریم، زندگی موفقی بنا کنیم و راهنمای خوبی هم برای خانواده و یا دیگران بشویم. بدون تمرین آزادی از همهٔ این مزایا محروم خواهیم ماند. پس ما احتیاج ضروری به تمرین آزادی خود داریم. اگر ما اشتیاقی به تمرین آزادی خود نداشته باشیم و یا اینکه به خاطر دیکتاتوری، زور و خفقان حاکم بترسیم و از تمرین آزادی خدادادی خود سرفنظر کنیم آنگاه از مزایای یک زندگی خوب هم محروم خواهیم ماند. تمرین آزادی فردی اطلاعات درست را برای ما آشکار خواهد کرد و

آن اطلاعـات هم بنوبـهٔ خود درِ موفقیت را برای یـک زندگی خوب به روی ما باز خواهند کرد.

ششمین قدم اینستکه، باید پیرو یک باور آزادیخواه بشویم

گاهی اوقات اسـت که اجدادتان باوری برای شـما بجا میگذارد که مانع رشـد شـما میشـود. حالا اگر اجدادتان برای شـما خیلی عزیز هم باشـند، ولی این به آن معنی نیسـتکه همیشـه چیز خوب برایتان بجا بگذارند. همه اشتباه میکنند و اجداد شما هم میتوانستند اشتباه بکنند. اگر دینشان دست و بال شما را میبندد، شما احتیاج دارید که بجای آن از باور دیگری پیروی کنید. اگر هم با زور از دینی و باوری پیروی میکنید نیاز دارید که راهی پیدا کرده خود را از اسارت آن دین و باور رها کنید.

تمامی پیشـرفتهای فردی، خانوادگی، اجتماعی، سیاسـی، مـالی و اخلاقی در کشـورهای پیشـرفته ناشـی از شـجاعتهای زنان و مردانی اسـت که جرات نموده از ارزشهای یک باور آزادیخواه پیروی کردند. آنها پیشرفت کردند و باعث شـدند که دیگران هم پیشـرفت کنند. زیرا باورشـان به آنها یاد داد که پیشـرفت دیگران باعث پیشرفت آنها نیز خواهد شد. پس اگر باور بسته ای دارید آنگاه نیاز دارید که آنرا ترک کنید و به بدنبال باوری

بروید که درش به روی آزادی باز است. میخواهم با تمام صداقت خود به شما بگویم که اگر یک باور آزادیخواه داشته باشید از تمام سردردهای یک فرهنگ معیوب راحت خواهید شد. یک باور خوب حقیقت را برایتان آشکار و شما را آزاد خواهد کرد. یک باور خوب تا این اندازه روی انسانها اثر میگذارد.

هفتمین قدم اینستکه، باید جسور باشیم

این فرد شماست که باید برای یاد گرفتن قدم بردارد. اگر شما آرزوی پیشرفت دارید پس باید حرکت هم از شما شروع بشود. یک آرزوی حقیقی و عملی شجاعت ایجاد میکند تا بتوانید از موانع عبور بکنید. به همین جهت استکه گفته اند: *خواستن توانستن است*. حتی در خفقان هم انسانهای جسور راه گریزی برای نجات خود و نزدیکان خود پیدا میکنند. انسانهای موفق آنهایی هستند که پا از دایرهٔ بستهٔ باور خود بیرون گذاشته بدنبال بهترین میگردند. پس باید شجاع باشید.

هشتمین قدم اینستکه، باید بها بدهیم

برای رسیدن به آگاهی و گسترش آن باید بها بدهیم. باید هم از نظر زمان و هم از نظر مالی مایه بگذاریم. گاهی اوقات بهای بدست آوردن آگاهی سنگینتر از آنی است که

ما انتظارش را داشتیم. باید آمادهٔ پرداخت آن بهای سنگین هم باشیم. باید پیه دشمنی کوته بینان، خرافه گرایان و دیکتاتورها را به جان خود مالیده راهی پیدا کنیم و از بیعدالتی و اسارت آنها آزاد بشویم. آنها کسانی هستند که از ناآگاهی دیگران سود میبرند. همهٔ این فداکاریهای ما به سود ما، خانوادهٔ ما، جامعهٔ ما وجهان ما خواهند بود و ما را از بردگی دشمنان آگاهی رهایی خواهند داد.

نهمین قدم اینستکه، پیروزی باید هدف فردی ما باشد

در دنیا مانعی نیست که راه چاره نداشته باشد. ما باید بر همهٔ موانع زندگی، حتی اگر دین و یا باورمان باشد، پیروز بشویم. بهترین و کارگرترین راه پیروزی بر موانع زندگی آگاهی از بهترین روش زندگی و انتخاب آن است. پس شما نیاز دارید که بهترین روش و باور زندگی را پیدا کنید. انسان طوری خلق شده است که ظرفیت جستجو و مقایسه و تصمیمگیری را دارد. باید بگردید و راهی را انتخاب کنید که میتواند شما را بر موانع فردی، خانوادگی، اجتماعی و دولتی پیروز بکند. پیروزی با جستجو و با جرات پذیرفتن بهترین باور و روش زندگی بدست میاید. پس باید با جسارت پیش رفته به هدف خود، همانا پیروزی، برسید.

دهمین قدم اینستکه، باید جامعه را بیدار کنیم

هیچ چیزی بجز آگاهی و عشـــق بـه یـادگیری نمیتوانـد جامعه را بیدار بکند. باید به هر وسیله ای که ممکن است مثل نور آگاهی درخشیده، زمینه را برای کسب آگاهی و رشـد دیگران آماده کنیم، تا آنها نیز در جامعه بدرخشـند. اگر تنها هســتیم باید تنهایی امان را به صـــدها نفر دیگر تبدیل کنیم تا بیداری و رهایی دامنگیر بسـیاری بشـوند. باید رابطه هایمان را با آنهایی که مثل ما فکر و فعالیت میکنند قوی بسازیم تا آزادی نصیب همه بشود.

بیداری ما به تصمیم ما بستگی دارد

کســـی نمیتواند ما را بزور بیدار بکند مگر اینکـه ما خودمان بخواهیم. اگر تمام ارتشـــهای دنیا با هم متحد بشـــوند باز هم نمیتوانند ما را به حقیقت جذب کنند مگر اینکه ما در دل خود تمایل به بیداری داشـــته باشـیم. اگر آزادمنشترین و مهربانترین شخص دنیا هم دولت ما بشود نمیتواند ما را بدرستی عوض کند مگر اینکه ما شخصـا تصمیم بگیریم که پوشش سخت دلها یمان را بشکنیم و به حقیقت گوش کنیم. اگر بیداری وعوض شـــدن، یا اینکه بیثمر ماندن، به تصمیم شخصی من و شما بستگی دارند، پس چرا بیدار نشـــویم؟ بیایید از خودمان شـــروع کنیم و

شخصا به زندگی درست پا گذاشته، تازه بشویم. تمرین برای تازه شدن یک شرط اساسی است.

نتیجه گیری

اگر به خدا باور دارید، بدانید که خدای حقیقی آرزو دارد که همه آگاهی داشته باشند. خدا دانای کامل است و میداند که خوب و بد یا بهترین و بدترین چه ها هستند. به همین دلیل، خدا دوست دارد که انسان هم فرق بین خوب و بد را بداند و بهترین را برای خود انتخاب کند. خدا خودش ذاتا آزاد است و آرزو دارد که انسان هم آزاد باشد. خدا کامل است و دوست دارد که ما هم در کاملیت ساکن بشویم. پس هر باوری که سد راه آزادی، دانش، پیشرفت و کاملیت است نمیتواند از خدا باشد.

اولین فردی که باید آزاد بشود خود شما هستید

اولین فردی که باید بسوی یک باور آزادی بخش بدود و آزاد بشود خود شما هستید. لطفا نگو که هیچکس در فکر آزادی نیست پس من چگونه آزادی را بتنهایی تمرین بکنم؟ به آزادی باید اینچنین نزدیک شد و گفت: اگر آزادی بهترین چیز است، پس چه دلیلی است که من خودم آزاد نشوم؟ من باید آزادی ام را تمرین کنم. من باید پیرو آن روش و باوری بشوم که از هر نظر به آزادی

من ارزش گذاشته، درِ آگاهی و پیشرفت را بروی من باز میکند.

پیشرفت پیشرفت ببار میاورد

اگر ما تصمیم بگیریم عوض بشویم و پیشرفت کنیم آنگاه راه برای خانواده و دوستان ما هم باز خواهد شد تا آنها هم بازوها و پاهای آگاهی و پیشرفت برای دیگران بشوند. زمانی که ما باعث عوض شدن و پیشرفت اطرافیان خود میشویم، آنها هم پیشرفت میکنند و در انصورت ما با آنها و همهٔ ما با دیگران به پیشرفتهای بیشتری خواهیم رسید. پس باید تلاش کنیم تا هر فرد جامعهٔ ما یاد بگیرد که آزادیِ تحقیق، قلم، بیان و باور حقِ هر کس است و برای حفظ آنها باید فداکاری کرد، و اگر هم لازم باشد بها داد. هر فرزند آب و خاک ما باید یاد بگیرد که از روشها و باورهای خشمگین دوری بکند، و پیرو آن باوری بشود که آزادی و مهر و دوستی و صلح یاد میدهد.

جامعهٔ آزاد جای مناسبی برای دیکتاتورها نیست

جامعه ای که به آگاهی و آزادی برسد آن جامعه دیگر جای مناسبی برای دیکتاتورها نخواهد بود. به همین جهت استکه دیکتاتورها مانع رشد دانش مقایسه ای

هستند تا بتوانند به حکومت خود ادامه بدهند. پژوهش و دیکتاتوری با هم ناسازگارند.

آگاهی از حقیقت استکه زندگی و رابطه ها را در یک جامعه زیبا و پر ثمر میکند.

زمان نظر و اندیشه ۱

۱. چرا مردم از آگاهی عمقی در مورد باور خود و دیگران بازداشته میشوند؟ چند نمونه بدهید.
۲. آیا روشهایی هستند که بوسیلهٔ آنها بتوانیم مردم را تشویق کنیم تا به مقایسهٔ باور خود با دیگر باورها باز باشند و بهترین را برای خود انتخاب کنند؟ چند نمونه را بیان کنید.
۳. آیا ناآگاهی ما باعث بی ربطی خدا به زندگی ما میشود؟ چگونه؟
۴. مزایای آگاهی چه ها هستند؟
۵. اگر آگاهی خوبست، پس چه دلیلی دارد که از آن غفلت کنیم؟

چرا و چگونه فرهنگمان را ترمیم و پرمایه کنیم؟

فرهنگ چه هست و در کجا ممکن است که به غنی کردن نیاز داشته باشد؟

فرهنگ نوع باور، زبان، اصطلاحات، رسمها، موسیقی، اخلاقیات، رفتارها و هر چیز دیگری که هویت یک ملت را بیان میکند است.

پس پاره های تشکیل دهندهٔ یک فرهنگ هستند که آن فرهنگ را لکه دار یا بی لکه میکنند. اصلاحات و غنی سازی هم باید در این پاره ها انجام بگیرد تا فرهنگ کیفیتدار بشود. بنابرین راه داشتن یک فرهنگ خوب و بیعیب آن نیستکه حتما از فرهنگتان خلاص بشوید، بلکه باید باوری را، اخلاقی را، رسمی و رفتاری را که فرهنگتان را لکه دار کرده اند عوض کنید تا فرهنگتان بی عیب بشود. پس با عوض کردن پاره های لکه دار فرهنگی استکه فرهنگتان خوب و کیفیتدار میشود. برای کیفتدار کردن فرهنگتان، شما نیاز دارید که دلتان را به بهترین ارزشهای زندگی باز کنید، حتی اگر آنها از کسانی باشند که دوستشان نداشته باشید. زیرا که ارزشهای خوب از هر جا که میخواهند باشند همیشه

خوب هستند. و چون خوب هستند، پس برای همه هستند. به همین جهت، ما باید عاشقانه به زیبا کردن فرهنگمان بکوشیم؛ لکه های تاریک را از آن گرفته به دور بیاندازیم و به جایشان ارزشهای زیبا و دوست داشتنی را بگذاریم.

آیا در مورد فرهنگ خودت عمقی فکر کرده ای؟ اجازه بدهید که چند نمونه از چیزهایی را که فرهنگ را لکه دار میکنند برایتان بیان کنم. شاید فرهنگتان لکه دار است و نیاز به ترمیم دارد.

یک نمونه از لکه های بد فرهنگی دخالت بیجاست

آیا دخالت در کار دیگران و استقلال انسانی آنها را نادیده گرفتن یکی از عادتهای فرهنگی اسلام نیست؟ به خاطر طبیعت دیکتاتورگرای اسلامی، هر کسی در یک خانوادۀ اسلامی در زندگی کوچکتر از خودش دخالت میکند، حتی اگر آن شخص بالغ و صاحب خانواده هم باشد. در بیرون از خانه، دولت و یا گاهی اوقات مردم به آزادی شما بیحرمتی میکنند، اگر مثل آنها فکر نکنید و یا اینکه از باور آنها پیروی نکنید. ولی در خانۀ خودتان هم که محل راحتی شما باید باشد از دست نزدیکان خود نیز

آزادی ندارید که تا فکر و باور دلخواه خودتان را داشته باشید.

دخالتهای بیجا در کار و زندگی دیگران نه اینکه باعث نا امنی میشوند بلکه جلوی هر نوع پیشرفت را هم در خانواده و جامعه میگیرند. چرا؟ برای اینکه مردم از نو آوری بخاطر ترس سرفنظر خواهند کرد تا فامیلها و یا رهبران را راضی نگهدارند و از دخالتهای آنها در امان بمانند.

نمونهٔ دیگر بد فرهنگی بیحرمتی به انتقاد کنندگان است

زندگی در جوامعی که در آنها حق انتقاد نیست بسیار مشکل است. اکثریت مردم بخاطر ترس از مقامات از هموطنان آزاد اندیش خود که از بیعدالتیها انتقاد میکنند دوری میجویند. مخصوصا اگر انتقاد کننده یک زن و یا دختر باشد، رفتارها ممکن استکه صورت خشنتری به خود بگیرند. انتقاد از رهبران که دیگر بهای سنگینی به همراه دارد. گاهی اوقات انتقاد از یک مقام اداری بالاتر نیز میتواند بهای سنگینی بهمراه داشته باشد.

در یک چنین فرهنگ بیگذشت، مردم نسبت به بی عدالتیها سکوت اختیار خواهند کرد و رفته رفته با بیعدالتیهای زیادتری روبرو خواهند شد. یعدالتی هم،

مردم را در جامعه نسبت به همدیگر بی اعتنا و غریبه ببار خواهد آورد. در یک جامعه هم که مردم به همدیگر غریبه و بی اعتنا باشند پیشرفتی حاصل نمیشود.

صداقتا، آیا جامعۀ شما با این تاریکی فرهنگی روبرو است؟ اگر هست، پس باید به دنبال نور در یک فرهنگ دیگر بگردید و آن نور را جایگزین این لکۀ سیاه فرهنگی خود بکنید.

یکی دیگر از لکه های بد فرهنگی از خودیها ترسیدن است

بارها و بارها شاهد بوده ایم که مسلمانها بخاطر ترس از خودیها بعضی از تصمیمها و کارهایشان را از خانواده ها و هموطنان مسلمانشان مخفی نگهمیدارند. این انسانها به غریبه هایی که به آزادی آنها احترام میگذارند اعتماد کرده تصمیمات خود را با آنها در میان میگذارند، ولی به خودیها که مشکلساز هستند و به آزادی آنها احترام نمیگذارند اعتماد نمیکنند. این ترس بخاطر دخالتهای نابجایی است که اعتماد را ازبین برده دلها را از هم جدا کرده است. به خاطر همین ترس استکه ایرانیها میگویند: «خواهی نشوی رسوا، همرنگ جماعت شو». چه لکۀ تاریکی! با این تاریکی جامعه هیچگاه رشد پیدا نمیکند.

شما نیاز ضروری دارید که خود را از این ترس خانمانسوز فرهنگی آزاد کنید تا کسی شما و شخصیت شما را خوار نکند. این گفتارها و آموزشهای من بخاطر همین هستند که به شما و به دیگران کمک کنند تا استقلال انسانی و خدادادی خود را بدست آورده نحوهٔ مواظبت از آنها را هم یاد بگیرید.

یکی دیگر از لکه های تاریک فرهنگی آنستکه مردم لکه های تاریک فرهنگی را میپوشانند

بعضیها دوست دارند که لکه های تاریک فرهنگی خود را در مقابل دیگران توجیه کنند و یا آنکه اگر توجیه شدنی نیست آنها را پنهان کنند و بگویند که چنان چیزهایی در فرهنگشان وجود ندارند. مثلا، در باور اسلامی شوهر حق دارد که زنش را بخاطر دلایل گوناگون بزند ولی بسیاری از مسلمانها به دیگران میگویند که چنین چیزی در باورشان وجود ندارد. یا در حالیکه دروغ مصلحت آمیز در اسلام جایز است و کم و بیش همه هم آنرا استفاده میکنند، ولی غربیه ها نباید آنرا بدانند. اگر لکه های بد و تاریک فرهنگی را مخفی کنید و بر علیه آنها مبارزه نکنید، آن لکه ها هیچگاه فرهنگتان را ترک نخواهند کرد و پیوسته به خودتان و ملتتان ضرر خواهند رسانید.

مولانا میگوید که:

چون ز بلاد کافری، عشق مرا اسیر برد
همچو روان عاشقان، صاف و لطیف و ساده ام
من به شهی رسیده ام، زلف خوشش کشیده ام
جامهٔ شه گرفته ام، گرچه چنین پیاده ام

ببینید که مولانا با چه جسارتی لکه های فرهنگی اش را روکرده میگوید که خودش و فرهنگش صافی و سادگی و لطافت نداشت. ولی همهٔ آن صفات نیک را از کسانی که دینش آنها را کافر میخواند یاد گرفت. نه فقط این، بلکه بوسیلهٔ آنها خدا را هم شناخت. پس، یکی از راههای راحت شدن از لکه های بد فرهنگی همانا روکردن آنهاست تا بلکه غریبه ها بتوانند چیز خوبی را به ما ارائه بدهند.

اغراق و زبانبازی هم دو نمونه از لکه های تاریک فرهنگی هستند

آیا فرهنگ شما به ظاهرِ زندگی بیشتر اهمیت میدهد، شکست را پیروزی و یا اینکه پیروزی کوچکی را بعنوان پیروزی بزرگی معرفی میکند؟ آیا تلاش کرده ای تا از این تاریکیها دور بمانی؟ اگر چنین اقدامی نکرده

ای، اکنون زمانش اســت که با ارزش یک فرهنگِ خوبِ دیگر فرهنگ خودت را در این خصـــوص تازه کنی، خود و خــانواده ات را از تــاریکیهــای اغراق آمیز و زبانبازی نجات بدهی.

از کودکی به شما یاد داده اند که ظاهرتان را خوب جلوه بدهید و مشـــکلات درونتـان را رو نکنید. این آموزش آموزش درســـت و صـــادقی نیســـت. اگر تاریکی را در درون خودت نگهداری تمام وجودت تاریکزده شده شادی واقعی را از تو خواهد گرفت. اگر هم شــادی ای از خود نشــان بدهی، آن شــادی شــادی ظاهری و زودگذر خواهد بود. پس، نیاز مبرم داری که زبانت را و فرهنگت را از چنین تاریکیها آزاد کنی.

یکی دیگر از لکه های فرهنگی رابطه بازیهاست

بعضـــی از باورها براحتی به اســتثنائات و رابطه بازیها که به ضرر جامعه است راه میدهند. رابطه بازی راه را برای خلاف و تبعیض و هرج و مرج بــاز میکنـد. و رابطـه بـازی بـاعث بی اعتبـاری فرهنـگ یـک جـامعـه میشـــود مخصـــوصـــا زمانیکه افرادِ بیتجربه را در جای انسانهای کاردان میگذارند و به آنها پر و بال میدهند.

رابطه بازی یک چنان راه خراب کننده ای است که بوسیلهٔ آن آدمهای ناباب به مقام بالا و حساس کشور نفوذ کرده فرهنگ را بیشتر آلوده میکنند. چارهٔ رابطه بازی یک باور خوب است. با انتخاب یک باور خوب شما میتوانید خود و فرهنگتان را از این تاریکی نجات داده در را برای زندگی مرغوب باز کنید.

یکی دیگر از لکه های بد فرهنگی ببار آوردن آدمهای بی مسئول است

بعضی از باورها باعث میشوند که مردم بجای کار کردن و ایستادن روی پای خودشان چشمانشان را به مال و ثروت دیگر ان بدوزند. اسلام یکی از آن باورهایی است که میگوید «غارت مال کافران بر مومنان حلال است». با باوری که تجاوز به حقوق دیگران را شرعی میداند شما نمیتوانید فرهنگ خوبی داشته باشید. پس بخاطر خوبی خودتان و فرهنگتان شما نیاز ضروری دارید که یک باوری را انتخاب کنید که از کار و زحمت مردم، حتی غریبه ها، قدردانی کرده و به حقوق همه احترام میگذارد. یک باور و یا فرهنگ خوب باعث میشود که مردم احساس مسئولیت کرده از تنبلی دوری کنند و زحمت کشیده بارور بشوند.

یکی دیگر از لکه های فرهنگی ملیگرایی افراطی است

یک ملی گرای افراطی میگوید که: مردم ما بهتر از دیگران هستند. ما نیازی به عوض شدن نداریم. ما باید با آنهایی دوستی کنیم که مثل ما فکر میکنند. بیگانه ها بیگانه اند. ما باید به همه حاکم بشویم. این نوع ملیگرایی ملیگرایی سالمی نیست.

ملیگرایی خوبست تا آن اندازه که آدم ملت خودش را دوست داشته باشد و برای پیشرفت آن هر گونه دری را، حتی در بیگانگان را، بزند تا چیزهای خوب یاد بگیرد، ولی اگر ملیگرایی ملتی را از دیگران بیگانه بکند آن ملیگرایی ملیگرای راکد و بد است.

یک لکهٔ دیگر فرهنگی هم بی اطمینانی در فرهنگ است

در بعضی از فرهنگها بی اطمینانی در هر گوشهٔ زندگی است. یکی از دلایل بزرگ این بی اطمینانی بخاطر بی اطمینانی موجود در باور حاکم بر جامعه است که در مورد آینده با «شاید» وعده میدهد نه با اطمینان. وقتی که مردم از آیندهٔ خود اطمینان نداشته باشند، این بی اطمینانی وارد زندگی روزمرهٔ آنها شده آنها را از نظر اجتماعی و سیاسی هم در بی اطمینانی میگذارد و سد راه اطمینان آنها نسبت به همدیگر هم میشود.

بی اطمینانی آنچنان بیماری روحانی ای است که اگر چاره نشود، انسان را از هر نظر به تاریکی هدایت میکند. در فرهنگ بی اطمینان، جرات شکستن سنتهای غلط پدری خیلی ضعیف و نادر میشود. راه برای انتقاد بسته میشود و به همین جهت نو آوری هم دشوار و درد آور میشود. مردم هم مجبور میشوند که در مورد باور حاکم بر جامعه و سران دیکتاتورشان مثبت حرف بزنند، هر چه که به آنها تحمیل میشود قبول کنند و خرابیها را بزبان نیاورند. مثال بارز این بی اطمینانی در بسیاری از کشورهای اسلامی دیده میشود که حتی در یک گروه سیاسی رهبر به عضوها و عضوها هم به همدیگر اطمینان ندارند، ریشهٔ همدیگر را میزنند، و حتی گاهی اوقات برادری برادرش را و یا پسر عمویی پسر عمویش را بخاطر سیاست خوار و یا زندانی هم میکند و یا اینکه میکشد. اختلاف بین سنی و شیعه بخاطر همین بی اطمینانی دینی میان جانشینان محمد شروع شد و هنوز هم ادامه دارد.

پس متوجه میشوید که بی اطمینانی در باور در رابطه ها نیز بی اطمینانی ایجاد میکند و باعث میشود که مردم در دل خود بهمدیگر صد در صد صادق نشوند بلکه با ترفندهای زیرکانه سر همدیگر کلاه هم بگذارند و بیشتر هم فرهنگ را خودگرا کنند. مثل معروف استکه میگویند

«کی به کی است، سگ صاحبش را نمیشناسد» نشانهٔ همین فرهنگ بی اطمینان و خودگراست. مشکل استکه اطمینان یک سگ را نسبت به صاحبش از بین برد. ولی بی اطمینانی صاحب سگ آن چیزی استکه سگ را آواره و گم میکند تا صاحبش را نشناسد.

بنابرین، میبینیم که در یک فرهنگ بی اطمینان نه اینکه اطمینان کمیاب میشود بلکه شرطها و شروطهای زیادی هم بهمراه دارد. و بخاطر این هم، هماهنگی نمیتواند ریشه دار باشد بلکه سطحی و با تعارفهای زیادی همراه است. مردم دوست دارند که زندگی بهتری داشته باشند، ولی دیوارهای نامرعیِ بین آنها نمیگذارند که برای پیشرفت زندگی خود از دل و جان با هم هماهنگ بشوند. در نتیجه، رابطه های اجتماعی اکثرا به خاطر ناهماهنگی نابالغ میمانند، گاهی اوقات عقب افتاده تر هم میشوند بطوریکه حق دیگران هم نادیده گرفته میشود. دوستیها هم زودگذر میشوند و حتی میتوانند با چیزهای جزعی و یا بزرگ به دشمنی هم تبدیل بشوند.

آیا فرهنگ شما این بدیها را دارد؟

اگر دارد پس این شما هستید که باید فرهنگتان را ترمیم کنید. چگونه؟

باید از فرد خودتان شروع کنید

باید از آن لکه های تاریک فرهنگی که زندگی فردی شما را آلوده میکند دوری کنید. اگر باور و دینتان باعث آلودگی فرهنگ شما شده است لازم استکه دلیلش را پیدا کرده از آن باور و دین دوری کنید و در فکر باور و دینی باشید که به زندگی و فرهنگ شما کیفیتِ خوب میبخشد و برای همه هم، چه خودی و چه غریبه، ارزش قائل میشود. سکوت و بی مسئولیتی زیان ببار میاورد.

چیزهای بد همیشه زیان آورند

هیچ حکمتی در دنیا نیستکه بگوید چیزهای بد به نفع انسانها هستند. چیزهای بد فرهنگی هم همیشه زیان آورند و برای شما، خانوادۀ شما و جامعه اتان خوب نیستند. پس اگر فرهنگ شما خرابیها دارد شما مسئولیت فردی و اجتماعی دارید که آن خرابیها را در زندگی خودتان بکار نبرید، بلکه از روشن انسانها و فرهنگهای دیگر استفاده کرده خودتان را تازه کنید تا فرهنگتان هم بوسیلۀ عوض شدن شما کیفیتدار بشود. باور کنید که زندگی جدید شما مثل نوری برای فرهنگ جامعۀ شما خواهد شد. دیگران هم از شما یاد خواهند گرفت و بنوبۀ خود برای بهتر

کردن زندگی شخصی و فرهنگ ملی خود تلاش خواهند کرد.

هرگز به *مسئولیت فردی* خود نسبت به فرهنگتان پشت نکنید

بگذارید که یک نمونه ای از بیتفاوتی به شما بدهم و ببینید که چگونه بیتفاوتی میتواند هم شما را و هم اینکه دیگران را نابود کند:

یک کشیش آلمانی بنام مارتین نیموُلر[1] میگوید که چگونه بیتفاوتی او هم باعث ضرر او و هم دیگران شد. او چنین نوشت: وقتیکه هیتلر کولیها را میکشت به خود گفت: «منکه کولی نیستم چرا باید از آنها دفاع کنم.» وقتیکه هیتلر کمونیستها را میکشت، بهانهٔ سکوت و بیتفاوتی اش این بود که کمونیست نبود و نیازی به دفاع از آنها نداشت. وقتیکه یهودیها و دیگران را کشت باز هم به خاطر دلیل مشابه بیتفاوت ماند. پس از آنکه کشتن دیگران تمام شد و هیتلر به کشتن خودیها پرداخت، آنگاه این کشیش اعتراض کرد. پاسداران هیتلر آمدند و او را گرفتند و بردند. آنگاه این کشیش متوجه میشود که دیگر کسی در جامعه نمانده بود که از او دفاع کند. اگر او و

---

[1] https://en.wikipedia.org/wiki/First_they_came_...

امثال او از ابتدا در فکر و حقوق آن دیگران که کشته شدند بودند و به دفاع از زندگی آنها بر میخواستند اکنون خیلیها زنده بودند و میتوانستند از زندگی او هم دفاع کنند.

بیتفاوتی باعث میشود که لکه های فرهنگی به همه سرایت کنند.

همهٔ آن لکه های بد فرهنگی را که یک یک برایتان بیان کردم و بسیاری دیگر را که فرصت بیان کردن نبود، روزی یقهٔ شما و خانواده اتان را بدجوری خواهند گرفت اگر از امروز در فکر چارهٔ آنها نباشید. اگر نسبت به بدی بیتفاوت بمانید، آن بدی حاکم خواهد شد.

فرهنگ عوض شدنی است. فرهنگ چیز ایستا نیست، بلکه باز و مانند زندگی جلو رونده و یا پس رونده است. انسانها با شناختن و قبول کردن ارزشهای خوب و نو آوری میتوانند فرهنگ خود را بارور کنند، یا اینکه آنرا با بیتفاوتی بدست شرارت بسپارند.پس یک مسئولیت بزرگی بر دوش شماست. شما نیاز دارید که اقدام کرده فرهنگ فردی و میهنی خودتان را غنی کنید.

زمان نظر و اندیشه ۲

۱. با وجود باورهای گوناگون و مخالف هم، بهترین روش برای ایجاد هماهنگی و صلح در جهان چیست؟

۳. چرا ترمیم فرهنگمان مهم است؟

۴. ترمیم فرهنگمان را از کجا باید شروع کنیم؟

۵. آیا رابطه ای بین شجاعت فردی و ترمیم و پیشرفت فرهنگی میبینید؟

۶. آیا برای ترمیم فرهنگ خود احساس مسؤلیت میکنید؟

نمونه هایی از زندگی عوض شدهٔ دانیال

من تجربه های عجیبی برای گفتن دارم. من این سری از گفتارهایم را شروع کرده ام تا بشما بگویم که آگاهی کلید آزدای ماست. ما در مورد هر چیزی، از جمله باورمان، نیاز داریم که آگاهی داشته باشیم تا نه تنها در مقابل باورهای دروغین از خود محافظت کنیم بلکه برای پیشرفت آرمانهای خود نیز بتوانیم ارزشهای خوب را کشف کنیم. در بحث قبلی به شما گفتم که اگر آرزوی آزادی داریم، میخواهیم که انسانهای خلاقی باشیم و یا اینکه در رابطه هایمان در خانه و در اجتماع بهتر بشویم، آنگاه مسئولیت بزرگی بر دوشمان است که فرهنگمان را غنی سازیم.

به نظر من دورویی و حیله گری خواهد بود اگر خودِ من عوض نشده باشم ولی از شما بخواهم که عوض بشوید. به همین دلیل تصمیم گرفتم که در این قسمت از گفتارم در مورد نمونه هایی از عوض شدن خودم صحبت کنم تا شما دریابید که سخنان من انعکاسِ تحولات خوبی هستند که در زندگی خود من تجربه شده اند. من عوض شده ام. فکر و دل من عوض شده اند و بخاطر این نیز زندگی ام پر از نعمتهای فراوان است. پس من داستان حقیقی دارم که بگویم. آرزوی من اینستکه دلایل مرا سبک سنگین

کرده، خودتان نیز عوض شـدن را در نظر بگیرید و زندگی اتان را پر از برکات فراوان بکنید.

عیسی مسیح به من یاد داد که اگر ابتدا خودم تازه نشوم، انتظار من از دیگران برای عوض شدن بیمعنی خواهد بود. قبل از اینکه من به دیگران بگویم که به چیزهای خوب توجه کنند، آن چیزهای خوب باید اول نظر مرا به خود جلب کنند. اگر یک رابطهٔ صـلح آمیز و پر از مهر و محبت وجود مرا تسـخیر نکنند، اگر تحمل و بخشـش برای من فقط کلمات خالی باشــند و در زندگی روزمرهٔ من نقش مهمی بازی نکنند، اگر عدالت برای من فقط زمانی خوب باشــد که دیگران از آن پیروی کنند، آنگاه تمامی داستان و گفتار و نصحیتهای من بی ثمر و بیهوده خواهند بود.

من در جوی بزرگ شـدم که متاسفانه ظاهر سـازی بیش از حقیقت ارزش داشـت. مردم توقع داشـتند که دیگران عوض بشـوند ولی نه خودشـان. به همین جهت، منهم کارهایی میکردم که اگر دیگران آنها را نسبت به من بجا میاوردند خیلی عصبانی میشدم. چنین رفتارهایی انعکاس یک زندگی خود محوری اسـتکه حق دیگران را نادیده میگیرد. ولی عیسـی مسـیح یاد میدهد که اگر زندگی دیگران برایتان ارزش نداشته باشـد، اگر شـریک درد

دیگران نباشید، سخنان و تعالیم شما ربطی به زندگی آنها نخواهد داشت.

کار و رهبریت عیسی مسیح در زندگی من برای این بوده و هست که گفتارها و رفتارها را بوسیلهٔ وجدان خود غربال کنم تا آنهایی را که هویت مرا پسندیده میکنند نگهدارم و آنهایی را که مرا به بیتفاوتی، کم بینی، بی احترامی، تبعیض، نفرت و جنگ زنجیر میکنند دور بیاندازم.

یک روزی در یک کشوری یک آگهی تلویزیونی دیدم. هدف این آگهی این بود که مردم را تشویق کند که آشغال را در خیابان نریزند و شهر و محیط خود را تمیز نگهدارند تا مردم از تمیزی لذت ببرند. در آن آگهی یک خانمی در ماشینش که در کنار خیابان پارک شده بود نشسته بود، یک نارنگی را پوست میکرد و پوستها را هم به خیابان میریخت. ولی یک آقایی که از آنجا میگذشت پوستها را در خیابان جمع کرد و به داخل ماشین خود آن خانم ریخت. داد خانم بیرون آمد که چرا آن آقا ماشینش را کثیف کرد. ولی آقا هم در جوابش گفت: خانم من دقیقا همانچیزی را که تو به دیگران کردی به تو کردم. پس لزومی ندارد که ناراحت بشوید.

یک آگهی آموزنده ای بود. نشان داد که آن خانم قادر نبود به وجدانش مراجعه کند، رفتار مشکلساز خودش را ببیند و متوجه بشود که خودش شهر میلیونها نفر را کثیف میکرد. اما همینکه کس دیگری با روشی مشابه ماشینش را کثیف کرد، زود ناراحت و عصبانی شد. آن خانم احتیاج داشت که یک نفر او را بیدار کند تا بتواند به وجدانش مراجعه کرده مشکل جدی منیت خودش را ببیند و در نتیجه به فکر آنگونه رفتاری باشد که عامل دوستی و صلح بین او و دیگران است.

وجدان یکی از برکات بزرگی است که ما انسانها آنرا در درون خود داریم تا که با هدایت آن فکر کنیم، سبک سنگین کنیم و برای حقیقت بایستیم. باور کن، اگر وجدانی در ما انسانها نبود من تمایلی به این گفتگو با شما نشان نمیدادم. چرا؟ برای اینکه بدون وجدان برایمان مشکل خواهد بود تا همدیگر را درک کنیم. خوشبختانه، من و شما این وجدان را داریم و بخاطر این من شهامت پیدا کردم که با شما صحبت کنم، دلمرا برایتان باز کنم، داستان زندگی و تجربه هایم را برایتان بیان کنم، با امید اینکه کلیدهای عوض شدن و نو شدن را برایتان آشکار کنم.

از انجیل عیسی مسیح یاد گرفته ام که باید به وجدان خود مراجعه کنم، و دیگران را نیز تشویق کنم که همین کار را بکنند تا اینکه مبادا مانع گسترش حقیقت بشویم. این آنچیزی استکه انجیل در کتاب دوم قرنتیان باب ۳ آیۀ ۲ میگوید: ما به هیچ یک از روشهای پنهانی و ننگین متوسل نمیشویم و هرگز با فریبکاری رفتار نمیکنیم و پیام خدا را تحریف نمی نماییم، بلکه با بیان روشن حقیقت میکوشیم که در حضور خدا مورد پسند وجدان همۀ مردم باشیم.

حق با انجیل است. حقیقت هرگز خودش را با بیصداقتی و فریبکاری بیان نمیکند. حقیقت با فکر و دل و وجدان انسانها صحبت میکند و قادر است که درستی اش را خودش ثابت کند. حقیقت هرگز با بیصداقتی و فریبکاری وارد دل انسانها نمیشود. من نیز در سایۀ همین حکمت بزرگ عیسی مسیح اعتقاد دارم که شما هم قادرید که با وجدان خود چیزها را سبک سنگین کرده به درست و یا غلط بودن آنها پی ببرید. فکر و دل شما ممکن استکه به دنبال چیزهای نادرست بروند، ولی وجدانتان هرگز این کار را نمیکند. بخاطر استواری وجدان استکه من تصمیم گرفتم تا داستان و آگاهی و تجربه های زندگی ام را به وجدان شما بیان کنم. آرزوی من و دعای من اینستکه

صـدای وجدانتان را نادیده نگیرید تا بتواند شـما را به تصمیمگیری درست هدایت بکند.

در زندگی من تغییر و تحول از ریشـه تا شـاخه ها روی داده است. حکمت عجیبی از انجیل مسیح یاد گرفتم. در کتاب رومیان باب ۱۱ آیهٔ ۱۶ میگوید که: اگر ریشه پاک باشد شاخه ها هم پاک خواهند بود. منظور انجیل اینستکه هر چیزی در زندگی دنیوی و روحانی ما بسـتگی بـه ریشــه ای دارد که برویش بنا هسـتیم. به عبارت دیگر، زندگی ما انعکاسی از ریشه ای است که روی آن بنا شده ایم. اگر زیربنا و یا ریشــهٔ ما خوب اسـت زندگی ما نیز خوب خواهد بود. وگرنه زندگی خوبی نخواهیم داشت.

بنابرین، حیاتی است که زیربنا و ریشهٔ درستی برای خود انتخاب کنیم تا بتوانیم با غذاهای درستی که آن ریشــه برایمان تهیه میکند زندگی کنیم. ولی واقعیت اینستکه ما ریشهٔ درستی نخواهیم داشت مادامکه باور درستی داشته باشیم. فقط باور درست است که بما ریشـهٔ درسـت هم میدهد.

آن ریشـه خداسـت، و یا رهبری اسـت که مولف باور و ایمان ماسـت. برای همین من نیاز داشـتم که خدا و یا رهبر حقیقی را پیدا کنم و خود را بر روی ارزشهای او

بنا کنم. خدا و رهبری که به آزادی انتخاب من احترام میگذارد و به من یاد میدهد که تا به آزادی دیگران هم، چه در خانواده و چه در بیرون، احترام بگذارم. این رهبر آن خدایی استکه عیسی مسیح به من آشکار کرد. نه اینکه این خدا به آزادی انسانها احترام میگذارد بلکه دوست دارد که با انسانها رابطهٔ شخصی هم داشته باشد تا همهٔ چیزهای خوب را شخصا به آنها آشکار کند. برخلاف خدای اسلام، این خدا خودش را از آنهایی که تشنهٔ دیدار با او هستند پنهان نمیکند. زیرا که او ما را برای رابطهٔ شخصی با خودش خلق کرده است.

آیا زیبا نیستکه با خدا رابطه داشته باشید؛ با خدایی که به شما زندگی داده است و منبع همهٔ چیزهای خوب است؟ البته که زیباست. به خاطر همین استکه داستان زندگی من عجیب است و میخواهم آنرا با شما و دنیا در میان بگذارم. به شما بگویم که چه شد و چرا با خدا رابطه فردی دارم.

مشاهده میکنید که من کلمات «چه و چرا» را استفاده میکنم. کلمات «چه، چرا و چگونه» را بسیار دوست دارم. من از عیسی مسیح یاد گرفتم که این کلمات کلمات بسیار مهم زندگی هستند. این کلمات ما را از نادرستی، ترس و پیروی کورکورانه نجات داده ما را در حقیقت،

شـهامت و تصـمیمگیری ای که از درون بر میخیزد بنا میکنند. شما در اسـلام اجازه ندارید که از کلمات چه، چرا و چگونه اسـتفاده کنید. بر اسـاس قرآن کسـی اجازه ندارد که سـخنان محمد و خدا را مورد سـوال قرار بدهد. انتقاد از رهبران اسلامی متعهد حتی بهای سنگینی بدنبال دارد. بنابرین، اگر مسلمان باقی بمانید آزادی ای نخواهید داشت.

ولی خدای کتاب مقدس از ما میخواهد قبل از اینکه نبوت و یا حکمی را قبول کنیم مسئولیم که آنرا سـبک سـنگین کنیم. من از عیسـی مسـیح پیروی نمیکردم اگر به من اجازه نمیداد که از کلمات چه، چرا و چگونه اسـتفاده کنم تا ببینم که آیا راه او راه درسـتی اسـت یا نه. آزادی اولین شرط برای پیروی از عیسی مسیح است. بخاطر اینستکه او حتی به آزادی دشمانش هم احترام میگذارد.

پس من از خدایی پیروی میکنم که مرا بـا حق آزادی انتخاب خلق کرده اسـت. آزادی من برای خدا مهمترین مسئله است. از نظر این خدا کسی اجازه ندارد که عقیده و باورش را به من تحمیل کند. آیا این شگفت آور نیست؟ بخاطر همین بود که از عیسلی مسیح خواستم تا مرا بر ریشـــهٔ خودش که از هر نظر، چه از نظر زندگی روی زمین و چـه از نظر روحانی، بــه آزادی من احترام

میگذارد بنا کند. از این ریشه من توان گرفته ام و آماده ام که رابطه های عادلانه، پر از مهر و محبت، و صلح آمیز با انسانها از هر ملتی، زبانی، نژادی و رنگی داشته باشم. در میان تمام انسانها در دنیا من حتی یک دشمن ندارم. دشمن من فقط شیطان است که مخالف حق آزادی انتخاب است و میخواهد که انسانها را در تاریکی بیتفاوتی یا جهالت نگهدارد.

آیا مشاهده میکنید که چگونه خدا یا الگو یا زیربنا و یا ریشهٔ درست بر هر پارهٔ زندگی اتان اثر میگذارد و شما را آماده میکند که از زندگی لذت ببرید و به همگان هم مانند نور بدرخشید؟ این نور نمیگذارد که هیچ عامل تاریکی در درونتان لانه کرده شما را آلوده کند و یا اینکه رابطهٔ شما را با دیگران آشفته کند.

من اکنون از این خدا پیروی میکنم. عیسی مسیح مرا بر چنان ریشه ای بنا کرده است که به من دل تازه، هویت تازه و جهانبینی تازه ای که با بینش عجیب سیاسی، اجتماعی و اخلاقی همراست داده است. من اکنون دلش را دارم که برای همه حتی برای دشمنان خود نگران باشم و از حقشان دفاع کنم. مسیح برای من آشکار کرد که یک انتخاب درست زمانی پیش میاید که ما از ریشه تا شاخه های آن آگاهی داشته باشیم. همهٔ ما نیاز مبرم به

یک انتخاب خوب داریم اگر بخواهیم که زندگی سالمی داشته باشیم. به همین جهت به عیسی مسیح گوش کردم تا انتخاب من انتخاب درستی از آب در بیاید. من از ریشهٔ حقیقی در عیسی مسیح پیروی کردم و بنابر آن همهٔ شاخه های زندگی من به طرز شگفت آوری آرامبخش شدند.

اولین آرامش من اطمینانی بود که در مورد زندگی روحانی بعد از مرگ گرفتم. پی بردم آن کسی که بر ریشهٔ خدا بناست، بر روی ریشهٔ ابدی بناست و همیشه بر روی آن ریشه خواهد بود. اکنون مطمئنم که در زندگی روی زمین صد در صد به خدا تعلق دارم و تا به ابد هم با او خواهم بود. دیگر نگران جهنم نیستم زیرا که بر ریشهٔ خدا بنا هستم. آیا این اطمینان آرامبخش و عجیب نیست؟ یقینا هست.

قبل از اینکه به عیسی مسیح ایمان بیاورم مانند همهٔ مسلمانان منهم نگران آیندهٔ خودم بودم. آرزو داشتم بر آن بی اطمینانی ای که اسلام در دل من جا گذاشته بود غالب بشوم. قرآن میگوید که کسی از آیندهٔ خودش خبری ندارد. محمد هم بدفعات گفت که از آیندهٔ خودش بیخبر بود. این بی اطمینانی برایم عامل شکنجه بود. اسلام از من خواست که محمد را الگوی خود قرار بدهم و همهٔ آن

چیزهایی را که از من خواسته بود بجا بیاورم، ولی همه برای یک آیندهٔ نامعلوم. اما با خواندن کتابهای مسیحی متوجه شدم که «اگر خدا دلسوز است باید دلسوزیش را روی زمین به من ثابت بکند و به من بگوید که من اکنون مال او هستم و تا ابد هم با او خواهم بود.»

مهمترین دلسوزی ای که من از خدای قادر مطلق در زندگی روی زمین توقع دارم اینستکه مرا از بی اطمینانی ام نجات بدهد. اطمینان روحانی من مهمتر از همهٔ آن چیزهایی استکه تا کنون به من داده است. من اکنون به نجات احتیاج دارم. میخواهم که هم اکنون بر بی اطمینانی روحانی خود غالب شده آزاد بشوم. خدای حقیقی و دلسوز هرگز از مردم درخواست نمیکند که برای یک آیندهٔ نامعلوم به او اطمینان کنند. در حقیقت رسالت اصلی خدا اینستکه مردم را از سردرگمی در مورد آینده اشان بیرون بیاورد و به این وسیله اعتمادشان را جلب کند.

در زندگی روزمرهٔ ما هم همینگونه است. ما به کسانی اعتماد میکنیم که اعتماد ما را با کارهای قابل اعتماد خود جلب کرده باشند. اینجاستکه ضعف بزرگ قرآن را در مقایسه با انجیل عیسی مسیح میبینیم. انجیل میگوید که اگر از مسیح پیروی کنید اکنون و برای ابد نجات خواهید یافت. ولی قرآن میگوید که اگر از محمد پیروی کنید نه

اینکه اکنون نجات ندارید بلکه مطمئن هم نیستید که بعد از مرگ به بهشت خواهید رفت یا نه. پس با پیرویم از عیسی مسیح دلسوزی خدا در زندگی روی زمین شامل حال من شد. من نجات یافتم و آینده هم برایم آشکار و مطمئن شد.

دومین چیزی که از ریشهٔ مسیح نصیب من شد اینستکه من اکنون فرزند نور، محبت، مهربانی، عدالت، نیکی، قدوسیت و صلح هستم. اینها هویتهای من و هویتهای آنهایی هستند که از عیسی مسیح پیروی میکنند. اگر خدا نور و محبت و مهربان و عادل و نیک و قدوس و دوست دارندهٔ صلح است، پس منهم که بر ریشه اش بنا هستم باید اینها را با خود حمل کنم. من اکنون این وسیله ها را دارم و میدانم که با دوستان، غریبه ها، مخالفان و دشمنان چگونه رفتار کنم. من نه اینکه نور هستم بلکه نیاز مبرم هم به نور دارم که تا با مهربانی به دوست و مخالف و دشمن بتابم و از هر گونه بهانهٔ بیعدالتی به آنها دوری کنم. من نیاز دارم که دلم را با مهربانی به سویشان متمایل کنم و آنها را تشویق کنم که با هم بهترین روش دوستی را پیدا کنیم تا با هم رابطهٔ پایدار داشته باشیم.

آیا این شگفت آور نیست که حتی سرسختترین دشمنان شما میتوانند دوستان شما بشوند اگر شما با حکمت محبت

آمیز به آنها نزدیک بشـــوید و از آنها خواهش کنید که با شما بدنبال بهترین روش صلح و دوستی بگردند و با آن با شـــما رابطهٔ ناگســـستنی ایجاد کنند؟ واقعا عجیب و شگفت آور است. من خودم اینرا با چند نفر از آنهایی که مرا بخاطر ایمانم به مسیح دوست نداشتند تجربه کرده ام. اجازه بدهید که دو نمونه از آنها را به شما بدهم.

یک روزی یک آقایی به من گفت که مســـیحیت برایش آشغال است و دوست ندارد که چیزی در موردش بشنود. منهم از او پرسیدم که آیا واقعا اعتقاد داشتکه مسیحیت آشغال است یا نه. در جواب گفت که، آره، اعتقاد داشت که مسیحیت آشغال است. به او گفتم که عیسی مسیح میگوید: «همسایهٔ خود را مثل خود دوست داشته باشید، برای دشـــمنان خود برکت طلبیده آنها را دوســـت داشـــته باشید، و همچنین همسران خود را مثل بدن خود دوست داشته باشید.» مسیح دارد به ما میگوید که بهترین وسیله های دوستیِ پایدار مهر و محبت هستند. گفتم کدامیک از اینها به نظرتان آشـــغال میاید؟ گفت، نه اینها خوبند. دوباره به او گفتم که مسیح میگوید: «والامقامترین شما باید خادم همه باشد.» مسیح میخواهد بگوید که فقط یک رهبر فروتن هســـتکه میتواند مردم را به طرف عدالت و صـــلح هدایت کند. دیکتاتوری هرگز نمیتواند با عدالت و صـــلح همگام باشـــد. به آن آقا گفتم لطفا به من بگویید که

کجای این گفتار مسیح آشغال است و با حقیقت سازگاری ندارد؟ در جواب به من گفت که هرگز نمیدانست که چنین گفتارهای عجیبی در انجیل باشد. برای رفتار خودش از من معذرت خواهی کرد و همچنین قبول کرد که انجیل عیسی مسیح را بخواند.

در یک جای دیگر هم من با نشان دادن آیه های قرآن در مورد ضعف اسلام صحبت میکردم. امام جمعهٔ مسجد محله وارد کلیسا شده به من حمله کرد. به او گفتم که، «آقا، مگر شما اعتقاد ندارید که دین شما اسلام آخرین و کاملترین دین دنیاست؟» چطور میشود که پیرو یک دینی که کامل خوانده شده خشونت خرج میدهد در صورتیکه یک دین کامل با حکمت کاملِ خودش میتواند با دیگران گفتگوی صلح آمیز داشته باشد؟ من باید خشونت خرج بدهم مادامکه شما میگویید که مسیحیها بخاطر دین ناکاملشان نمیتوانند حکمت کامل داشته باشند. ولی در عوض میبینم که شما خشن هستید و من آرام.

حرفهایم او را گرفت، وجدانش را تکان داد و درک کرد که حق با من بود که طرفدار گفتگوی آرام و صلح آمیز بودم. آن گفتار کوتاه من با او باعث شد که به مدت شش ماه با هم مکالمهٔ دوستانه داشته باشیم. در نهایت اسلام را

ترک کرده پیرو عیسی مسیح شد. امام جمعۀ یک مسجد اسلام را ترک کرد و پیرو عیسی مسیح شد.

آیا برایتان عجیب نیستکه من دیگر جواب خشونت را با خشونت نمیدهم؟ من از پیشینۀ خشونت آمده ام. من یک مسلمان متعهد، یک محقق و سیاستمدار اسلامی بودم. من یاد گرفته بودم که خشونت تنها جواب آنهایی است که به اسلام «نه» میگویند. اما اکنون زیر نظر رهبری عیسی مسیح من با مهر و محبت و منطق او به مخالفانم نزدیک میشوم، روی وجدانهایشان اثر میگذارم تا آنها هم فرصتی برای فکرکردن عمقی داشته باشند، حقیقت را دریابند و دوستهای من بشوند. سفر روحانی من از اسلام به عیسی مسیح اینچنین باعث برکت بسیاری، از جمله مخالفان من، گردیده است.

این حقیقت زندگی من است. عیسی مسیح مرا مسح کرده است. به من اطمینان ابدی داده است. تازه شده ام تا بتوانم فکر و دل و وجدان خود بکار برم و نظر انسانها را به آزادی حقیقی جلب کنم. ممنوم از اینکه صبر خرج داده به من گوش دادید.

زمان نظر و اندیشه ۳

۱. آیا منطقی است که خودم خوبی را یاد نگیرم ولی از دیگران توقع داشته باشم که خوبی کنند؟

۲. چرا نیاز داریم که فکر و دل و وجدان خود را به کار بیاندازیم؟

۳. باور ما تا چه اندازه روی زندگی روحانی و اجتماعی ما اثر میگذارد؟ آیا لازم استکه بدنبال چاره بگردیم اگر باورمان روی ما اثر منفی بگذارد؟

۴. اگر اعتقاد به وجود خدا دارید، آیا خوب نیستکه او را بشناسید و با او ارتباط فردی هم داشته از او اطمینان ابدی دریافت کنید؟

۵. چرا دانیال به عیسی مسیح اعتماد کرد؟

۶. آیا گفتار دانیال به دل شما مینشیند و میتوانید با او همدلی کنید؟

خدا. آیا خدایی وجود دارد؟

بحثهای فلسفی در مورد وجود و عدم وجود خدا ریشه های دیرینه دارند. اولین کسانی که کار طبیعت را بدون خدا تحلیل کردند کسانی بودند که قبل از سقراط در قرن پنجم قبل از میلاد (۳۹۹-۴۶۹ قبل از میلاد) زندگی میکردند. نام برجسته ترین فرد این طرز تفکر تالس بود. ولی باور بی خدایی بعد از انقلابهای کمونیستی و تئوری پیدایش داروین شکل سیاسی به خود گرفت و در بعضی جاها سد راه پیشرفت فلسفهٔ خدا و خلقت هم گردید.

آنانی که به وجود خدا باور ندارند میگویند که: خدایی که دیده نمیشود و لمس نمیگردد وجود ندارد. علم تجربی هنوز وجود خدا را ثابت نکرده است. پس نمیشود گفت که خدایی وجود دارد یا نه. این گروه حدس میزنند که دنیا خود به خود و بطور تصادفی بوجود آمده است و خالقی ندارد. آنهایی که به وجود خدا باور دارند میگویند که: همچنانکه هر چیزی بیانگر خالق و مخترع آن چیز است، وجود دنیا هم نشانهٔ وجود خالق آنست.

دلایل رد فلسفهٔ تصادفی بودن دنیا

اولین دلیل رد فلسفهٔ تصادفی ترکیب ساختمانی چیزهاست

هر چیزی در دنیا ترکیب بسیار منظمی در ساختار خود دارد و این نظم با فرضیهٔ تصادفی بودن دنیا سازگاری ندارد. ما زمانی میتوانیم از نظم سخن بگوییم که هوش و دانش و مدیریت در ایجاد آن بکار رفته باشند. اگر چنین است، آنگاه فرضیهٔ تصادفی بودن دنیا نه اینکه بی اساس است بلکه مخالف منطقی بودن علم نیز خواهد بود.

دومین دلیل رد فلسفهٔ تصادفی عملکرد عضوهای یک بدن است

هر عضوی از بدن انسان و یا حیوان در جای خودش با زیرکی خاصی و برای هدف و کار مشخصی قرار داده شده است که اصلا با تئوری پیدایش تصادفی قابل بیان نیست. مثلا، دل زرافه که حدود سیزده کیلو گرم است دو برابر دل فیل قدرت فشار دارد تا بتواند خون را بوسیلهٔ گردن درازش به سرش برساند. این فشار میتواند سر زرافه را منفجر کند اگر سرش را به پایین بیاورد. ولی در سر زرافه دستگاه تنظیم کنندهٔ فشار[۲] وجود دارد تا به محظی که زرافه سرش را به پایین میاورد آن دستگاه بکار میافتد و فشار خون را در سر زرافه کم میکند. اگر فشار خون بیش از اندازه باشد این دستگاه به زرافه

---

[۲] https://en.wikipedia.org/wiki/Giraffe#Neck; http://www.africam.com/wildlife/giraffe_drinking.

علامت میدهد که سرش را بلند کند. آیا این نظم و ترتیب دقیق بدنی با فرضیهٔ پیدایش تصادفی قابل بیان است؟ هرگز.

سومین دلیل رد فلسفهٔ تصادفی کارهای اخلاقی بین انسانها است

اخلاقیات موجود در میان انسانها نمیتوانند حاصل پدیده های تصادفی باشند: مثلا، بدون یک تجربه و استاندارد قبلی ما نمیتوانیم بگوییم که این چیز خوبست و یا آن یکی بد است؛ این غلط است و یا آن درست. چرا؟ برای اینکه تجربه کرده، آگاه شده ایم و اکنون آن آگاهی از گذشته را استاندارد خود قرار داده با چشم باز بسوی آینده حرکت میکنیم تا از چیزهای بد و مضر دوری کنیم. پس میبینیم که استانداردهای زندگی هیچگاه تصادفی بدست نمیایند، بلکه بر اساس تجربه و سبک سنگین کردنهای عقلانی ما بدست میایند. بنابرین، فرضیهٔ تصادفی یک تئوری ای بیش نیست و با زندگی عملی انسان نمیتواند سازگاری داشته باشد.

چهارمین دلیل رد فلسفهٔ تصادفی نظم اخلاقی حاکم بر هر خانواده است

نظم اخلاقی هر خانواده در دنیا نیز با فرضیهٔ پیدایش تصادفی منافات دارد. در طی هزاران سال گذشته پدران و مادران، حتی آنهایی که به خدا اعتقاد نداشتند، از ازدواج با فرزندان خود دوری کرده اند؟ وابستگی به چنین نظم از پیش ساختهٔ اخلاقی برخلاف فرضیهٔ تصادفی است. گذشته از این، در فرضیهٔ تصادفی کسی نمیتواند بگوید که این شخص همسر انتخابی من است و یا اینکه این فرزندی است که من و همسرم تصمیم گرفتیم که داشته باشیم. زیرا که حق انتخاب یک نوع برنامه ریزی است و نمیتواند کاری با پیدایش تصادفی داشته باشد.

پس مشاهده میکنیم که هر چیزی در دنیا حکایت از وجود خالقی میکند که دنیا را با نظم خلق کرد. در عمل، هیچ چیزی، از جمله علم، نمیتواند با فرضیهٔ تصادفی پیدایش سازگاری داشته باشد. دنیا بوسیلهٔ خدا خلق شده است. ما فقط نیاز داریم که به هر چیزی عمقی نگاه کنیم تا به وجود خدا پی ببریم.

اما، این خدا کیست؟

دینها تعریفای مختلفی از خدا دارند. اما کدامیک از خدای حقیقی ســخن میگویند؟ هدف من در این کتاب بررســی دینهای مختلف نیســت، بلکه میخواهم که دیدگاه اســلام و مسیحیت را نسبت به خدا بیان کنم.آیا اسلام و مسیحیت در مورد خدا نظرهای مختلفی دارند؟ باید خواند و دید. آیا در اسلام و مسیحیت خدا میتواند با انسان رابطه داشته باشد؟

خدا در اسلام و مسیحیت

آیا خدا در هر یک از این باورها میتواند با انسان رابطه داشته باشد؟

از کتاب مقدس[۳] مسیحیان میفهمیم که: خدای کتاب مقدس ذاتا ظاهر شدنی است، شخصـا رابطه برقرار میکند و

---

[۳] خدای کتاب مقدس فردی و رابطه ای هســت، و به همین دلیل نمیتواند بطور مطلق نادیدنی باشــد، بلکه بر اثاث گوهرش دیدنی و آشــکار شــدنی هســت. او به هر شــکلی که بخواهد خود را میتواند ظاهر بکند. او خود را در عهد عتیق به یک عده آشــکار کرد، و با همهٔ پیامبران بطور مســتقیم گفتگو کرد. در عهد جدید (انجیل) نیز خود را در عیسی مسیح و بعنوان یک انسان کامل آشکار کرد. این خدای دیدنی به مقتضــای اخلاقیات و تصــمیمات خودش میتواند خودش را از چشم یک عده هم مخفی نگهدارد.

شخصا هم با بسیاری از شخصیتهای کتاب مقدس گفتگو کرده است. اما از قران میفهمیم که: خدای اسلام ذاتا ظاهر نشدنی است و نمیتواند رابطه شخصی برقرار کند. این بینش شبیه فلسفهٔ یونانی است. در فلسفهٔ یونانی خدا فردیت ندارد و نمیتواند ظاهر بشود. علمای اسلامی هم این باور را از فلسفهٔ یونانی قرض گرفتند بخاطر اینکه شخصیت خدای اسلام شبیه شخصیت خدای یونانی بود.

ما در کتاب مقدس میخوانیم که: خدا میبیند، دیدنی است و بی پرده هم با هر کسی که انتخاب کند حرف میزند. اما قرآن در سورهٔ (۶) انعام آیهٔ ۱۰۳ میگوید که خدا میبیند ولی دیدنی نیست. و در سورهٔ (۴۲) شوری آیهٔ ۵۱ میگوید که او از پشت پرده و بوسیلهٔ الهام سخن میگوید. پس قرآن میگوید که خدا خود را پنهان کرده هیچ آشکار نمیکند، ولی کتاب مقدس میگوید که خدا خود را آشکار میکند.

قبل از اینکه وارد یک بحث عقلانی بشویم دوست دارم که از شما سوالی بپرسم. آیا دوست دارید که خالق خود را روبرو ببینید؟

در جواب به این سوال، انسانهای زیادی مرا شگفتزده کرده گفته اند که واقعا دوست دارند خالق خود را روبرو

ببینند. برخلاف دیدگاه اسلامی، بعضی از عالمان، فیلسوفان و شاعران اسلامی هم آرزو داشتند که خدای خود را روبرو ملاقات کنند. شعر «بشنو از نی مولانا» حکایت از این آرزو میکند.

چرا نباید خدا خودش را پنهان بکند؟

خدا مهر و محبت خودش را شخصا آشکار میکند

خدا خدای محبت است و محبت خودش را پنهان نگه نمیدارد. شما زمانی یک نفر را با محبت میخوانید که در رابطه و رفتارش با دیگران محبتش را آشکار میکند. خدا هم در رابطه با مخلوقش استکه خود را به عنوان خدای محبت آشکار میکند. پس خدا باید اول با ما رابطه برقرار کند و بعد محبت خود را به ما آشکار کند. خدا شخصا نقشهٔ خلقت را در سر خود کشید و محبت خود را هم در آن نقشه جا داد. در هنگام خلقت هم خودش را به عنوان خالق به آدم و حوا شناساند و آنها محبت را عملا در خدا دیدند. اگر خدای شما خود را شخصا نمیشناساند، پس او خدای رابطه ای نیست و عملا هم علاقه ای به زندگی شما ندارد.

خدا را بهتر خواهیم شناخت اگر خودش را آشکار کند

دومین دلیل برای اینکه خدا خودش را از دیده ها پنهان نمیکند بلکه آشکار میکند اینستکه تا او را بهتر بشناسیم. هر فردی شخصا بوسیلهٔ خدا خلق شده است و نیاز دارد که خالق خود را شخصا بشناسد. آیا بهتر نیستکه خدا را شخصا و بدون واسطه بشناسیم؟ بدون شک هست. همچنین، شناختن بدون واسطه است که نزدیکی میاورد.

فرض کنید که میخواهید تشکیل زندگی بدهید. آیا به نفع زندگی شما نخواهد بود که شریک زندگی خود را شخصا دیده و بشناسید؟ اتحاد با خدا هم همینگونه است. ابتدا خدا را شخصا میشناسیم و بعد با چشم باز با او هماهنگ میشویم. کلام خدا با زندگی ما رابطهٔ مستقیم نخواهد داشت اگر خدا را شخصا نشناسیم. از طرف دیگر، اگر هیچکس بهتر از خود خدا نمیتواند او را به ما بشناساند، پس چرا خدا شخصا خودش را به ما نشناساند؟ پس، اگر دین شما بگوید که خدا خود را مطلقا از دید مردم مخفی نگه میدارد، پس بدانید که دین شما نمیتواند از خدا باشد.

بگذارید که سوال دیگری را با شما در میان بگذارم: آیا آنکسی که خدا را شخصا ندیده و نمیشناسد میتواند در مورد خدا رسالت کند؟ نه. رسول خدا یعنی فرستاده شده

بوسیلهٔ خود خدا. اگر رسولی خدا را ندیده، شخصا صدای او را نشنیده، و او را نمی‌شناشد با چه منطقی میتواند بگوید که از طرف خداست؟ اگر بگوید گفتارش منطقی نخواهد بود. شخص خدا، کلام و صدای او باید رابطهٔ مستقیم با رسول خدا داشته باشد. وگرنه، آن رسول واقعی نیست و نمیتواند خود را با منطق ثابت کند که از طرف خداست. وقتیکه منطق هم در زندگی نباشد آنگاه دروغ و زور و شمشیر حکومت میکنند. پس اگر دین شما بگوید که رسول شما شخصا با خدا ملاقات نکرده است، شما نیاز دارید بدنبال آن باوری بروید که در آن خدا با رسول و یا رسولانش رابطهٔ مستقیم دارد.

خدا آرزو دارد که شخصا مردم را هدایت میکند

دلیل سوم برای ظاهر شدن خدا اینستکه تا شخصا مردم را هدایت بکند. آیا نشنیده اید که مردم میگویند، «خدا هدایتت کند»؟ بخاطر آنستکه مردم دوست دارند که شخصا بوسیلهٔ خدا هدایت بشوند. اگر خدا نیکوکارترین، عادلترین، مقدسترین و مهربانترین در میان تمام هستی است، پس چه کسی بهتر از خود خدا میتواند مردم را هدایت کند؟ هیچکس. خدا میداند که اگر او شما را شخصا هدایت کند شیطان نمیتواند به شما نزدیکی کند. ولی اگر یک پیامبر شما را هدایت کند هیچ گارانتی ای

برای محافظتتان از شیطان نیست. به همین خاطر استکه خدا خودش را پنهان نمیکند بلکه ظاهر میشود که شما را شخصا هدایت کند. هدایت شخصی خداوند امنتر از هدایت یک پیامبر یا واسطه است. پس اگر دین شما به شما امکان ارتباط شخصی با خدا را نمیدهد و شما را کورکورانه موظف به پیروی از یک واسطه یا پیامبر میکند آن دین نمیتواند از خدا باشد.

خدا آرزو دارد که عدالت را شخصا بر روی زمین استوار کند

چهارمین دلیل که خدا خود را پنهان نمیکند اینستکه او دوست دارد عدالت را شخصا در زمین بر قرار بکند. اگر خدا بالاترین قدرت در عدالت است و شیطان هم بالاترین قدرت در بیعدالتی، پس چه کسی بجز خود خدا میتواند بر شیطان پیروز بشود و عدالت واقعی را در زندگی شما بر روی زمین استوار کند؟ بجز خدا کس دیگری نمیتواند اینکار را بکند. اگر اینچنین است، پس خدا باید خود را شخصا ظاهر کند. زیرا که پیامبر و یا هر کس دیگری با قدرت نسبی خودش نمیتواند بر شیطان غالب بشود. پس اگر دین شما بگوید که خدا خود را ظاهر نمیکند تا برای شما با شیطان مبارزه کند، آن دین

شما را گمراه میکند و از روش برپایی عدالت هم بیخبر است.

خدا دوست دارد که انسان را خودش نجات بدهد

پنجمین دلیل که خدا خود را پنهان نمیکند اینستکه خدا دوست دارد که شخصا انسان را نجات بدهد. شیطان بالاترین شخصیت نا عادل بر روی زمین است و انسان را در بند خود گرفته است. اگر چنین است، پس چه کسی میتواند انسان زنجیر شده را از چنگال شیطان و گناه نجات بدهد؟ آیا انسانِ زنجیری میتواند خودش را از بند شیطان نجات بدهد؟ نه. اولا اینکه انسان در بند یک زندان روحانی است و یک زندانی نمیتواند خودش را آزاد کند. دوما اینکه شیطان رئیس آن زندانِ روحانی است، از انسان تواناتر است، از انسان خوشش هم نمیاید، و تازه به نجات و آزادی انسان هم باور ندارد. انسان نمیتواند خودش را نجات بدهد. انسان به خدا نیاز دارد که تا خدا شخصا بیاید و او را نجات بدهد. وقتی هم که خدا میاید و ترا نجات میدهد یعنی اینکه او دیگر از چشم تو پنهان نیست.

اگر دین شما بگوید که انسان با عمل نیک خود میتواند خودش را از شیطان نجات بدهد، آن دین گمراه کننده

است. زیرا، اگر انسان از نظر روحانی نجات یافته نیست با این وضع بیخدایی نمیتواند کار نیکوی آسمانی که خدا را خوشنود میکند انجام بدهد. او باید اول به خدا اجازه بدهد خدا او را از شیطان نجات بدهد تا بتواند بعدا کار نیکو انجام بدهد. خدا منبع عشق و عدالت است. شما عملا نمیتوانید فکر و سخن و کار عاشقانه و صمیمی نسبت به خدا داشته باشید مادامیکه ابتدا در عشق و عدالت او ساکن بشوید و با او وصلت کنید. به عبارت دیگر، عمل شما ربطی به خدا نخواهد داشت مگر اینکه به او رسیده باشید و رابطه اتان با شیطان و گناه قطع شده باشد. پس اولین کار خدا اینستکه انسان را آزاد کند. در نزد خدا آزادی انسان از شیطان و گناه اولین کار نیک است. پس قبل از اینکه ما بتوانیم کار نیکوی آسمانی انجام بدهیم نیاز داریم که به ازادی و نجات روحانی رسیده با خدا وصلت نماییم. پس خدای عاشق و محبت خود را پنهان نمیکند و کار نجات و وصلت را هم برای بعد از مرگ نمیگذارد.

آیا سزاوار است آرزوی وصلت انسان را که اکنون برای آن اشک چشم میریزد برای فردا گذاشت؟

اگر شیطان انسان را روی زمین از خدا و از بهشت جدا نموده و آنها را گناهگار کرده است پس نجات و وصلت

انسان هم باید روی زمین انجام بگیرد. آیا آنهایی که به وسیلهٔ ظلم دیگران از هم جدا شده اند نمیخواهند که هر چه زودتر به هم برسند؟ آیا ناله های آنها زیاد نمیشود اگر زمانهای دیدارشان به تعویق بیفتند؟ دل خدا و دلهای ما هم همینطور است. خدا نمیخواهد که فرصت دیدار به فردای نامعلوم بیفتد. دل ما هم همیشه نالان خواهد ماند اگر وصلت زود انجام نگیرد. اگر دین شما وصلت با خدا را برای بعد از مرگ میگذارد، بدان که آن دین با دل خدا هماهنگی ندارد.

پس مشاهده کردید که چگونه کتاب مقدس مسیحیان خدا را ظاهر میکند ولی قرآن او را از مردم پنهان میکند. آیا خوشایند است کسی و یا چیزی بهترین دوست شما را از شما پنهان نگهدارد؟ مطمئنا خوشایند نیست. تعالیم عیسی مسیح میگویند که خدا هرگز خود را از تو پنهان نمیکند. خدا ترا دوست دارد.

دوستان عزیز، معمار همهٔ آن دلیلهایی را که برایتان یک به یک بیان کردم عیسی مسیح است. اگر وجدانتان حقیقت این دلیلها را تایید میکند، وقتش هستکه شما هم مثل من از عیسی مسیح پیروی کنید.

زمان نظر و اندیشه ۴

۱. چرا منطقی نیست اگر باور داشته باشیم که دنیا خودبخود و تصادفی بوجود آمده است؟

۲. انسانهای زیادی دوست دارند که برنامهٔ خوبی برای آیندهٔ خود داشته باشند. ولی ما میدانیم که برای هر برنامه ریزی به یک الگو نیاز است. یک الگوی خوب هم نمیتواند بدون مقایسهٔ تجربه های گذشته بدست بیاید. آیا فرضیهٔ تصادفی میتواند با چنین مدیریت و تصمیمگیری ارادی ما در زندگی هماهنگ باشد؟

۳. آیا ما توان داریم که حقیقت را پیدا کنیم و برای آن دلیل[۴] هم داشته باشیم؟

۴. در کتاب انجیل به رومیان باب ۲ آیه های ۱۳ تا ۱۶، دوم قرنتیان باب ۳ آیهٔ ۲ و بالاخره به غلاطیان باب ۳ آیهٔ ۲۳ نگاه کرده ببینید که آیا دلیلی داریم که به مردم کمک کنیم تا بوسیلهٔ وجدان خود راه (شهادت) خدا را در درون

---

[۴] پیروان ادیان گوناگون میگویند که خدای آنها حقیقی هست و بهترین و کاملترین دین را به آنها داده است. تصورش را بکنید که این انسانها با چنین ادعایی به تحقیق و مقایسه برای اثبات حقیقت ادعای خود باور نداشته باشند و به دیگران هم اجازه ندهند که از آنها سئوالهای منطقی بکنند و آنها را به فکر کردن وادارند! آیا این نوع محدودیتای فکری میگذارد که انسان خدای حقیقی را پیدا بکند؟ صراحتا نه.

خود پیدا کرده بگذارند که آن راه آنها را به عیسی مسیح هدایت کند؟

۵. آیا انسانها تمایل قلبی برای اتحاد با خالق خود دارند؟

۶. چرا خدای حقیقی نباید خودش را پنهان کند؟

۷. آیا کسی که خدا را شخصا نمیشناسد میتواند رسول خدا باشد؟

۸. اگر در زندگی روی زمین شانس نجات داشته باشیم، آیا عاقلانه است آنرا برای آخرت بگذاریم؟

چگونه میتوان خدای حقیقی را از خدای دروغین تشخیص داد؟

با وجود اینکه یک خدا برای جهان وجود دارد، اما دینها خدایانی را میشناسانند که با هم فرق دارند. کدام دینی خدای حقیقی را آشکار میکند؟

آیا میتوانیم بدانیم که خدای حقیقی در کدام باوری است؟

میتوانیم. ما نعمتهای بزرگی داریم که بوسیلهٔ آنها بتوانیم خدای حقیقی را پیدا کنیم. ما چشم داریم که بخوانیم و ببینیم؛ گوش داریم که بشنویم و گوش کنیم؛ مغز داریم که مقایسه کنیم؛ دل داریم که ارزیابی کرده حقیقت را دریابیم؛ و وجدان داریم که با دل و جان آن حقیقت را به هر بهایی که شده وارد زندگی خود بکنیم. پس ما، چه سواددار و چه بیسواد، ظرفیت جستجو برای خدای حقیقی را داریم که آنرا پیدا کرده با او زندگی هم بکنیم. هرکسی قادرست که در مورد شخصیتهایی که دینهای مختلف برای خدا بیان میکنند بشنود و یا اینکه بخواند، آنها را با هم مقایسه کند، و به این وسیله خدای حقیقی را از خدای غیر حقیقی تشخیص بدهد.

برای کشف خدای حقیقی به چه معیارهایی نیاز داریم؟

به هر معیاری که توان بیانش را داریم. معیارهایی که در این کتاب میخواهیم استفاده کنیم به قرار زیر هستند:

۱. معیارهای فلسفی
۲. معیارهای دُکرینی یا الهیاتی
۳. معیارهای اجتماعی، سیاسی، اقتصادی، اخلاقی و رفتاری

معیارهای فلسفی برای حقیقی بودن خدا

اولین معیار فلسفی برای حقیقی بودن خدا اینستکه خدا باید فردیت داشته باشد

برای اینکه خدا بتواند با فردها ارتباط داشته باشد و آنها را هدایت کرده کمکشان بکند باید فردیت داشته باشد. خدای بدون فردیت نمیتواند با فردی در تماس باشد، او را نجات بدهد و یا اینکه هدایتش بکند. هیچ امیدی در خدای غیر فردی نمیتواند باشد. مثلا، خدا در اسلام فردیت ندارد. نظر به اینکه محمد خدا را ندید او را ذاتا نادیدنی، ظاهر نشدنی و ناشناختنی اعلام کرد. بعد از مرگ او نیز اسلامیون فلسفهٔ اسلام را بر گفتار و باور

او بنا نموده خدا را غیر فردی، دور از دسترس و نا شناختنی معرفی کردند.

اگر خدا ذاتا ظاهر نشدنی باشد آنگاه نمیتواند از خود پندار و گفتار و کردار هم ظاهر کند. در اینصورت، خدا فکری ندارد تا نقشه بکشد، گفتاری ندارد تا نقشه را ظاهر کند و کرداری هم ندارد تا نقشه اش را به عمل تبدیل کند. یا به عبارت دیگر، نمیتواند بگوید تا بشود. پس، عبارت "خدا گفت و شد" در مورد خدای اسلام نمیتواند درست باشد. یعنی خلقت را نمیتوان به خدای اسلام نسبت داد.

پس خدا در اسلام فردیت ندارد. به همین جهت هم بود که او نتوانست خودش را به محمد آشکار کند و با او ارتباط شخصی داشته باشد. نظر به اینکه او نمیتواند رابطۀ فردی بنا کند به همین دلیل هم نمیتواند نجات بدهد، هدایت کند و یا اینکه کمک کند. زیرا که عمل نجات دادن یا هدایت کردن یا کمک کردن همه ایجاب میکنند که خدا خودش را اول به انسان ظاهر کند، با او ارتباط برقرار بکند و او را لمس کند.

بسیاری از شما مسلمانها هر روز دعا میکنید و از خدایتان میپرسید که شما را به راه راست هدایت کند. خدا

چگونه میتواند فرد شما را به راه راست هدایت کند اگر نتواند خودش را ظاهر کند، در ارتباط شخصی با شما باشد و از شما مواظبت کند؟ مواظبت و هدایت فقط در ارتباطهای شخصی میتوانند معنی داشته باشند. در صورتیکه قرآن میگوید که خدا خودش را ظاهر نمیکند و رابطهٔ شخصی هم با کسی ندارد.

پس، اولین و اساسیترین معیار فلسقی برای خدای حقیقی اینستکه او باید فردیت داشته باشد تا بتواند خودش را ظاهر کرده مردم را از چنگال شیطان و گناه آزاد کند. اگر خدای شما خودش را ظاهر نمیکند، او نمیتواند خدای حقیقی باشد.

دومین معیار فلسفی برای حقیقی بودن خدا اینستکه خدا باید در همه جا حاضر و فعال باشد

خدای حقیقی عملا قادر استکه با ما، درما و در هر جای دیگر باشد. فردیت ما بخاطر اینستکه ما با فکر و کلام و عمل فرد خدا خلق شده ایم. نظر به اینکه هم خدا فردیت دارد و هم ما انسانها، پس ما قادریم که حضور خدا را در خود عملا حس کنیم اگر خدا با ما باشد.

اما، اگر ادعا کنیم که خدا با ماست باید دلیل منطقی برای ادعای خود داشته باشیم. بسیاری از مسلمانها فلسفهٔ قرآن

را در مورد حضـــور خدا نادیده میگیرند و میگویند که خدا با آنهاست. در میان مسلمانان بسیار شنیده میشود که میگویند، «خدا در خون منســت. او از رگ گردنم به من نزدیکتر اســت.» آیا واقعا خدا با مســلمانهاســت؟ آیا مســلمـانهـا میتوانند دلیلی قانع کننده برای این ادعـای خودشان داشته باشند؟ نه. بگذارید که این موضوع را باز کنم و بگویم که چرا خدا نمیتواند با یک مسلمان باشد.

اگر خدا با شــمای مســلمانســت، پس او باید با تمامی اطمینان و مهر و محبتش هم با شـما باشـد. نظر به اینکه خدا خدای خوب، مهربان و دلســوز اســت، او هیچگاه دوست نخواهد داشت که شما را در بی اطمینانی بگذارد، بلکه به شما اطمینان صد در صد میدهد و شما هم آنگاه میتوانید مثل آینه آیندهٔ خودتان را ببینید. آیا درســت میگویم؟ اگر بگویید که او شـما را کامل هدایت نمیکند و به شما اطمینان صد در صد نمیدهد، پس او خدای حقیقی نمیتواند باشد. میخواهم به شما بگویم که با وجود این بی اطمینانی هنوز هم میگویید که خدا با شــماســت، نور راهتان اســت و شــما را هدایت کامل هم میکند. اینها نمیتوانند درست باشند.

اجازه بدهید که با پرسیدن یک سوال روحانی خیلی مهم دلیلهایم را برایتان ثابت کنم.

آیا نجات دارید؟ مطمئن هستید که بعد از مرگ به بهشت خواهید رفت؟ جواب شما، جواب پیامبر شما و جواب قرآن شما همه «نه» است. این به این معنی است که خدای شما در مورد آینده اتان به شما اطمینان روحانی نداده است. چگونه میشود که خدای پر از اطمینان با شما باشد ولی به شما اطمینان ندهد؟ کمبود اطمینان نشان میدهد که خدای اطمینان و حقیقی با شما نیست، وگر نه شما باید از آیندهٔ خود اطمینان میداشتید. به عبارت دیگر، دین شما قادر نبوده استکه شما را به خدای حقیقی برساند. پس حضور خدا با ما زمانی ثابت میشود که ما در زندگی روی زمین نجات یابیم و اطمینان رفتن به بهشت را از خدا کسب کنیم.

سومین معیار فلسفی برای حقیقی بودن خدا آنست که خدا باید شناختنی باشد

خدای حقیقی آن خدایی استکه شما میتوانید او را شخصا بشناسید و بر اساس تجربهٔ شخصیتان با خدا از او پیروی کنید. شما در زندگی روزمره بدنبال کسی که او را نمیشناسید نمیافتید. در مورد خدا هم همینگونه است. خدای حقیقی نمیخواهد که شما او را کورکورانه پیروی کنید و یا اینکه واسطه ای بین شما و او باشد. او میخواهد که شما شخصا و با آگاهی با او باشید.

معیارهای دُکترینی برای حقیقی بودن خدا

اولین معیار دُکترینی برای حقیقی بودن خدا اینستکه خدا باید مطلقا نیکو باشد

نیکویی مطلق خدا به این معنی استکه او نمیتواند کارهای بد و غیر اخلاقی انجا بدهد و یا اینکه آنها را مجاز بکند. چرا؟ برای اینکه جوهر خدای نیکویِ مطلق کاملا از شرارت بدور است. بنابرین، اگر در کتاب خدای خود ببینید که خدا گناه و بدی را خلق کرده و یا آنکه در شرایط مختلفی آنها را جایز نموده است، آنگاه آن خدا خدای حقیقی نمیتواند باشد. پس، برای اینکه بدانید باور شما آسمانی است یا نیست، باید اینگونه گفتارها و کارهای خدای خود را ارزیابی کنید.

دومین معیار دُکترینی برای حقیقی بودن خدا آنستکه خدا باید عادل مطلق باشد

خدای عادل مطلق نمیتواند سخنان ناعادلانه بگوید و یا اینکه کارهای نا عادلانه بجا بیاورد. مثلا، خدا نمیتواند به پیغمبر و یا رهبران پیرو خودش حقی بیشتر از دیگران بدهد، بخاطر اینکه خدا عادل مطلق است. خدا نمیتواند به مردان حق بیشتری از زنان بدهد و حتی به مردان بگوید که زنانشان را بزنند. خدا نمیتواند به بعضی

از پیروان خودش حقی بیشــتر از بقیه بدهد. خدا نمیتواند حق آزادی یک عده را نادیده گرفته پشـت به مسـاوات و برابری بکند و به اینوسـیله سـد راه آزادی ای باشـد که خودش به مردم داده اســت. پس اگر خدای شــما چنین کارهای ناعادلانه را جایز کرده اسـت، او نمیتواند خدای حقیقی باشد.

سومین معیار دُکترینی برای حقیقی بودن خدا آنستکه خدا باید پاک و مقدس باشد

پاکی و قدوسیت خدا به این معنی استکه او نمیتواند گناه کند، یا اینکه گناه را خلق و الهام کند و یا اینکه گناه را تحت شـرایطی مشـروع کند. آیا خدای پاک و مقدس میتوانـد دیگران را گنـاهکـار و آلوده کنـد؟ هرگز. اگر میبیند که خدای شـما باعث آلودگی و گناه دیگران شـده اسـت پس بدانید که او خدای واقعی نیست بلکه ساخته و پرداختهٔ فکر پیامبر شـماسـت، و آن خدا نمیتواند الگوی خوبی برای مردم باشد.

چهارمین معیار دُکترینی برای حقیقی بودن خدا آنستکه خدا باید خدای مهربان و محبت باشد

خدا مخلوق دست خودش را دوست دارد، به آنها احترام میگذارد، و نظر آنها را با منطق، مهر و بهترین وسـیلهٔ

صلح بسوی خودش جلب کند. خدا چون خودش خواسته استکه ما را بدنیا بیاورد، پس باید خودش هم محبتترین و مهربانترین وسیلهٔ اتحاد را برای ما فراهم کند. چنانکه یک مادر یا پدر دلسوز با بچه هایش رفتار میکند، خدا هم باید محبتترین و مهربانترین روش آموزنده را بکار برده به شما نزدیک بشود تا شما هم بتوانید با اشتیاق تمام به او بپیوندید؛ نه اینکه مثل یک جلاد به آزادی شما پشت کرده با شما ناعادلانه برخورد کند. اگر خدای شما چنین مهر و محبتی را ندارد یقین بدانید که او خدای حقیقی نیست، و به این وسیله دین او هم نمیتواند در میان مردم مهر و محبت و صلح ایجاد کند.

اکنون میخواهم که چند نمونه از معیارهای اجتماعی، سیاسی، اقتصادی، و اخلاقی برای حقیقی بودن خدا به شما بدهم.

معیارهای اجتماعی برای حقیقی بودن خدا

خدای حقیقی از هر گونه تبعیضی بین زن و مرد، تبعیض نژادی، قومی، باوری، کاری و یا هر گونه تبعیض دیگری که انسانها را از هم جدا میکند مطلقا دور است. خدای شما نمیتواند خدای حقیقی باشد اگر به مرد

حقوقی بیشتر از زن، به اربابان حقوقی بیشتر از غلامان و به پیروان خودش حقوقی بیشتر از دیگران بدهد.

معیارهای سیاسی برای حقیقی بودن خدا

خدای حقیقی باید بانی و باعث رهبری فروتن باشد نه دیکتاتور. در نزد خدای حقیقی، بزرگترین فرد در یک جامعه متواضع‌ترین و خادمترین همه است. اگر خدای شما پیغمبرش و پیروانش را دیکتاتور ببار آورده است، آن خدا یقینا نمیتواند خدای حقیقی باشد.

معیارهای اقتصادی برای حقیقی بودن خدا

خدای حقیقی باید باور داشته باشد که هر کسی، حالا میخواهد که پیروش باشد و یا اینکه مخالف و یا غیره، برازندهٔ مزد کار خودش است. خدای حقیقی حقوق دیگران را نادیده نمیگیرد و یا اینکه حقوق آنها را محدود نمیکند. خدای شما نمیتواند خدای حقیقی باشد اگر به پیروانش امتیاز اقتصادی بیشتری از دیگران میدهد، و یا اینکه از غیر پیروانش مالیاتی بیشتر از پیروانش وصول میکند.

معیارهای اخلاقی برای حقیقی بودن خدا

آخرین وسیلهٔ ارزیابی حقیقی بودن و یا نبودن یک خدا ارزیابی اخلاقی آن خداست. خدای حقیقی تحت هیچ شرایطی نمیتواند دروغ گفتن را، کلک زدن را و یا هر عمل غیر اخلاقی دیگر را شرعی کند. خدای حقیقی خدای قدوس است و قدوسیت او همیشه و در هر شرایطی مخالف گناه و هر عمل غیر اخلاقی دیگر است، چه پیروانش مرتکب شده باشند و چه دیگران. اگر خدای شما برای پیروانش شرعی کند که به دیگران دروغ بگویند و یا اینکه آنها را کلک بزنند، آن خدا نمیتواند خدای حقیقی باشد.

در دنیا باورها و خدایان دروغین بسیاری وجود دارند. شما نمیتوانید بسادگی پی ببرید که از کدام خدا پیروی میکنید، مگر اینکه مشخصات خدای حقیقی و دروغین را بدانید. این معیارها به من کمک کردند که خالق و نجات دهندهٔ واقعی خودم را پیدا کرده با او تجربه های عجیبی داشته باشم. دعای من اینستکه این معیارها به شما هم کمک کنند تا شما هم در شادی ابدی ساکن بشوید.

زمان نظر و اندیشه ۵

۱. آیا ما قادر به شناخت خدا نخواهیم بود اگر در فکر خدا طرح شده و با خصوصیاتی شبیه خصوصیات او خلق شده ایم؟

۲. آیا ما نمیتوانیم فرق بین خدای حقیقی و دروغین را بدانیم، در صورتیکه بتوانیم فرق بین خوب و بد، درست و نادرست را از هم تشخیص بدهیم؟

۳. آیا خدایی که گناه را الهام میکند میتواند خدای حقیقی باشد؟

۴. آیا خوبستکه با خدای خود ارتباط شخصی داشته باشیم یا نه؟

۵. چه زمانی میتوانیم حضور خدا را در درون خود ثابت بکنیم؟

۶. چه کسی میتواند خدا را به ما بهتر بشناساند؛ آیا آنی که با خدا رابطه شخصی دارد، یا آنی که هیچگونه تجربهٔ شخصی با خدا ندارد؟

۷. اگر باور دارید که خدا شخصیت فردی دارد، پس دعا کن که خدا فردا راهنمای تو باشد.

فرق بین خدای اسلام و مسیحیت

بعضیها میگویند که مسلمانها و مسیحیان همه از یک خدا پیروی میکنند. این افراد نمیدانند که کتابهای اسلامی خدایی را معرفی میکنند که با خدای مسیحیت فرق دارد. به همین دلیل است‌که من میخواهم کلام قرآن را با کلام کتاب مقدس مسیحیان مقایسه کنم تا شما بتوانید فرق بزرگ بین خدای اسلام و مسیحیت را بدانید.

فرق اول آنست‌که خدای اسلام قادر نیست به مردم کمک کند

همچنان‌که در مبحث گذشته گفتم، قرآن و عالمان اسلامی باور دارند که خدای اسلام فردیت ارتباطی ندارد. پس خدای غیر ارتباطی نمیتواند برای کمک کردن تماس برقرار کند. شما ممکن است‌که بگویید: اگر خود خدا مستقیما ارتباط برقرار نمیکند، ولی فرشته اش را که میفرستد تا کمک کند. این فلسفه فلسفهٔ غلطی است. چرا؟ به این دلیل که، اگر فرشته فردیت ارتباطی داشته باشد آنگاه آن فرشته نمیتواند با خدای غیرارتباطی تماس حاصل بکند چه برسد به اینکه بتواند سفیر آن خدا هم به انسان بشود. خدای غیر فردی و ارتباطی نمیتواند سفیر فردی داشته باشد و او را به انسان بفرستد.

پس متوجه میشوید که هیچ انتظاری از خدای اسلام برای کمک نمیتوان داشت. اما خدای مسیحیان قادر به کمک کردن است. خدای کتاب مقدس فردی، ارتباطی و فعال است. در کتاب اشعیا باب ٤٥ آیهٔ ٢ خدای کتاب مقدس میگوید که: من پیشاپیش شما رفته کوهها را برای شما هموار خواهم کرد. پس میبینید که خدا با پیروانش راه میرود.

خدا انسانیت را برای هدفی خلق کرده است. به همین جهت هم، برای هدف دادن به زندگی حضور و نظارت فردی مداوم خدا لازم است. کلماتی مانند «حضور و نظارت» فقط به خدای قابل ارتباط نسبت داده میشوند. به همین دلیل، رسولان مسیح نوشتند که آنها ظهور خدا را مشاهده کردند. یوحنای رسول مینویسد که کلمه یعنی خدا انسان شد و در میان ما ساکن گردید. ما شکوه و جلالش را دیدیم. جلالی شایستهٔ پسر یگانهٔ پدر (یوحنا ١: ١-٣، ١٤).

فرق دوم بین خدای اسلام و خدای مسیحیت آنستکه خدای اسلام آفرینندهٔ نادرستی و گناه است

در قرآن پیدا میکنیم که خدا قادر مطلق است و میتواند گناه را هم مانند نیکی خلق کرده به مردم الهام کند و آنها

را آلوده کند. اما کتاب مقدس میگوید که خدای قادر مطلق فقط برای کارهای نیک است. او از ازل تا به ابد از گناه دور است. خدای نیکو نمیتواند حتی در فکرِ آلوده کردن مردم باشد، یا اینکه آنها را گناهکار ببار بیاورد.

سورۀ (۵۷) حدید آیۀ ۲۲؛ سورۀ (۷) اعراف آیۀ ۱۶؛ سورۀ (۱۵) حِجر آیۀ ۳۹؛ سورۀ (۹۱) شمس آیۀ ۸ همه تایید میکنند که خدای قرآن از ازل تمام بدبختیها و فساد و گناه را طراحی کرد و در زمان آفرینش آنها را به انسان و شیطان الهام نمود. خدای کتاب مقدس از طراحی و آفرینش گناه و فساد بدور است. چرا؟ برای اینکه خدای نیکو، عادل، صلحجو و مهربان نمیتواند انسانها را آلوده کند. کار خدا باید پاک کردن انسان باشد نه آلوده کردن آنها. آفرینندۀ نادرستی و گناه قادر نخواهد بود انسانها را به درستی و نیکی دعوت و هدایت کند.

قرآن با نسبت دادن گناه و نادرستی به خدا مردم را گمراه میکند: اول اینکه، بطور غیر مستقیم خدا را به عنوان گناهکار به مردم معرفی میکند، زیرا که خلق کردن گناه خودش گناه است. دوم اینکه، مردم میتوانند بگویند که اگر خدا خودش نتوانست از گناه دوری کند پس چرا ما از گناه دوری کنیم. اگر خدا رواج دهندۀ گناه است پس چرا ما آنرا با آغوش باز نپذیریم؟ اینرا بدانید که اگر

دست خدای یک ملتی در گناه باشد، دیگر درستی جا و اعتبار خودش را در جامعه از دست خواهد داد. در حقیقت، خدای حقیقی نمیتواند خالق نادرستی و گناه باشد. خدایی که قرآن معرفی میکند نمیتواند خدای حقیقی باشد.

خدای کتاب مقدس خدای حقیقی است. انجیل عیسی مسیح در کتاب یعقوب ۱۷:۳ میگوید که: حکمتیکه از عالم بالا است اول پاک و بعد صلح جو و با گذشت و مهربان و پر از شفقت و ثمرات نیکو، و بی غرض و بی ریا است. در کتاب اول یوحنا باب ۲ آیهٔ ۲۱ در انجیل میگوید که: هیچ دروغ از راستی نیست. چنین گفتارهای درستی باید از دهان خدا بیرون بیایند، نه آن گفتارهای غیر اخلاقی که از دهان خدای اسلام بیرون میایند.

فرق سوم بین خدای اسلام و خدای مسیحیت آنستکه خدای اسلام مخالف آزادی انتخاب است

سورهٔ (۳۳) احزاب در آیهٔ ۳۶ و سورهٔ (۸) انفال در آیه های ۱۱ و ۱۲ میگویند که هیچ کسی حق انتقاد از پیغمبر اسلام را ندارد. در صورتیکه خدای مسیحیان در کتاب تثنیه باب ۱۸ در آیهٔ ۲۲ میگوید که: شما گفتار پیامبران را کورکورانه قبول نکنید بلکه اول ارزیابی کنید، اگر درست بود قبولش کنید و گرنه ردش کنید.

فرق چهارم بین خدای اسلام و خدای مسیحیت آنستکه خدای اسلام مخالف مساوات و برابری است

از قرآن و کتابهای اسـلامی در میابیم که محمد بیشـتر از همه، مردان مسـلمان بیشـتر از زنانشـان، مسـلمانهای روشن پوست بیشتر از مسلمانهای سیاهپوست، و در کل مسـلمانها بیشـر از غیر مسـلمانها حق دارند.[۵] در صـورتیکه انجیل عیسـی مسـیح میگوید هیچ فرقی بین یهودی و غیر یهودی، میان برده و ارباب، و میان زن و مرد نیست (غلاطیان باب ۳ در آیهٔ ۲۸ و کولسیان باب ۳ در آیهٔ ۱۱).

فرق پنجم بین خدای اسلام و خدای مسیحیت آنستکه خدای اسلام به مردسالاری اعتقاد دارد

قرآن در سورهٔ (۳) نسـاء آیهٔ ۳۴ و سـورهٔ (۳۸) ص آیهٔ ۴۴ میگوید که مردان حق دارند زنان خود را بزنند. در سـورهٔ (۳) نسـاء آیه های ۱۵ و ۱۶ میگوید که مردان حتی حق دارند زنان خود را برای عمل غیر اخلاقی در یک اطاق خانه زندانی کنند تا بمیرند. ولی اگر مرد همین عمل غیر اخلاقی را بجا بیاورد فقط چند شـلاقی خورده

---

[۵] نمونه های قرآنی و اسـلامی در بقیهٔ صـفحات این بخش و همچنین در بخش "رهبریت در اسلام هرج و مرج است" آورده شده اند.

آزاد خواهد شد. در صورتیکه انجیل عیسی مسیح به چنین حکمهای ناعادلانه و دلشکن اجازه نمیدهد. انجیل در کتاب افسسیان باب ۵ آیه های ۲۵ و ۲۸ میگوید که مرد باید همسر خودش را مثل بدن خود دوست داشته باشد. در کتابهای متی باب ۷ آیهٔ ۱۲ و لوقا ۶ آیهٔ ۳۱ میگوید که: با دیگران آنچنان رفتار کنید که میخواهید آنها با شما رفتار کنند.

فرق ششم بین خدای اسلام و خدای مسیحیت آنستکه خدای اسلام باعث رواج تبعیض است

قرآن در سورهٔ (۹) توبه آیهٔ ۲۸ میگوید که غیر مسلمانها نجسند. در سورهٔ (۸) انفال آیهٔ ۵۵ میگوید که آنها بدترین جانوران هستند، و در سورهٔ (۲) بقره آیهٔ ۶۵؛ سورهٔ (۵) مائده آیهٔ ۶۰؛ سورهٔ (۶۲) جمعه آیهٔ ۵ میگوید که آنها خوک و الاغ و میمون هستند. در صورتیکه انجیل عیسی مسیح میگوید که هیچ فرقی بین یهود و غیر یهود وجود ندارد. این شهادت انجیل بخاطر اینستکه همه در نظر خدا یکسانند. زیرا که همه با نقشه و دست یک خدا خلق شده اند.

فرق هفتم بین خدای اسلام و خدای مسیحیت آنستکه خدای اسلام رواج دهندهٔ کارهای غیر اخلاقی است

قرآن در سورهٔ (۸) انفال آیهٔ ۳۰ و در سورهٔ (۱۰) یونس آیهٔ ۲۱ میگوید که خدا حیله گرتر از همه است. در سورهٔ (۲) بقره آیهٔ ۲۲۵، در سورهٔ (۳) آل عمران آیهٔ ۲۸ و در سورهٔ (۱۶) نحل آیهٔ ۱۰۶ مسلمانها را موظف میکنند که تحت شرایطی دروغ بگویند. در صورتیکه انجیل در کتاب اول یوحنا باب ۲ آیهٔ ۲۱ میگوید که: هیچ دروغ از راستی سرچشمه نمیگیرد. تورات در کتاب خروج خروج باب ۲۳ آیه های ۱ و ۲ میگوید که: خبر باطل را انتشار مده و با شریران همداستان مشو که شهادت دروغ بدهی. بخاطر پیروی از اکثریت عمل بد مکن و سخنی برای انحراف حق مگو. آیا فرق معامله را میبینید؟ خدای مسیحیان میگوید که شما هیچ حق شرعی ندارید که دروغ بگویید ولی خدای اسلام میگوید که بستگی دارد.

فرق هشتم بین خدای اسلام و خدای مسیحیت آنستکه خدای اسلام دیکتاتور پرور است

قرآن در سورهٔ (۲۱) انبیاء آیهٔ ۲۳ میگوید که: الله هر چه کند بازخواست نشود ولی خلق از کردارشان بازخواست شوند. در سورهٔ (۳۳) احزاب آیهٔ ۳۶ میگوید

که: بر هیچ مرد و زن مومن در کاری که خدا و رسول حکم کنند اختیاری نیست. و هر کس نافرمانی خدا و رسول کند دانسته به گمراهی سختی افتاده است. در سورهٔ (۵۸) مجادله آیه های ۲۰ و ۲۱ میگویند که: آنان که با خدا و رسول او مخالفت کنند خوار و ذلیلترین مردمند. خدا قرار داده است که او و رسولش بر مخالفان غالب آیند زیرا که خدا بیحد مقتدر است. در کتاب مقدس اختیارِ آزادی را از مردم سلب کردن بر خلاف ارادهٔ خداست. مردم به خاطر آزادی استکه از حیوانها برترند. اسلام آزادی را از انسانها گرفته با اشرف مخلوقات خدا مثل حیوانها رفتار میکند. میبینید که در اسلام رهبریت بر دیکتاتوری استوار است. حالا ببینیم که رهبریت در مسیحیت چگونه است.

خدا از کتاب تثنیه باب ۱۸ آیهٔ ۲۲ در تورات میگوید که: اگر پیام پیامبری درست نیست از او نترسید و اطاعت نکنید. حتی در کتاب اشعیاء نبی باب ۱ آیهٔ ۱۸ خدا میگوید که: بیایید با هم دلیل و حجت بیاوریم. میبینید که در کتاب مقدس مردم حق دارند که حتی گفتار خدا و رسولان او را مورد سوال قرار بدهند و کورکورانه از آنها پیروی نکنند. چرا؟ برای اینکه خدا انسان را از ازل با حق آزادی خلق کرد و به عنوان رهبر کل جهان به این آزادی همیشه احترام میگذارد.

رهبری عیسی مسیح در این خصوص حیرت آور است. مسیح در مقام رهبری پای شاگردانش را شست (یوحنا باب ۱۳ آیهٔ ۵). عیسی به شاگردانش گفت: «شما میدانید که در این دنیا حکمرانان به زیردستان خود آقایی میکنند و بزرگانشان به آنان زور میگویند. اما در میان شما نباید چنین باشد، بلکه هر که میخواهد در میان شما بزرگ باشد باید خادم همه گردد و هر که میخواهد بالاتر از همه شود باید غلام همه باشد. پسر انسان نیز نیامده تا خدمت شود بلکه تا خدمت کند و جان خود را در راه بسیاری فدا سازد (متی باب ۲۰ در آیه های ۲۵ تا ۲۸). پس میبینید که عیسی مسیح به شما تعلیم میدهد که ریشهٔ دیکتاتوری را در دل خود نابود کنید تا بتوانید به حقوق هر کسی از هر ملیتی، نژادی، رنگی و یا باوری احترام بگذارید.

فرق نهم بین خدای اسلام و خدای مسیحیت آنستکه خدای اسلام بیحکمت است

همانطوری که در پیش گفتم، خدای اسلام انسانرا گناهکار بار آورده به این ترتیب خودش باعث اسیر شدن او بدست شیطان شد. ولی از طرف دیگر از این انسان اسیر هم میخواهد که نماز بخواند، خمس و زکات بدهد و یا اینکه در جهاد شرکت بکند تا بلکه او را از اسارت

شیطان آزاد کند، وگرنه به جهنم خواهد رفت. این چه نوع حکمتی استکه خدای اسلام خودش در آغاز مردم را گناهکار خلق کرده اسیر شیطان میکند ولی بعدا از آنها میخواهد که برای نجات خود چاره جویی کنند؟ حکمتِ درست مردم را به گناه آلوده نمیکند که بعدا هم به آنها بگوید که خود در فکر چارۀ نجات خودشان باشند. خدای کتاب مقدس مردم را بیگناه خلق کرد. انسان خود باعث افتادن خودش شد، ولی خدا مثل یک پدر فداکار دست بکار شد و هنوز هم هست که تا انسانرا آزاد بکند. فرق عظیمی بین خدای اسلام و خدای مسیحیت است.

فرق دهم بین خدای اسلام و خدای مسیحیت آنستکه خدای اسلام خودش شیطان را گمراه کرده دشمن مردم گردانید

قران در سورۀ (۷) اعراف آیۀ ۱۶ میگوید که خدا خودش شیطان را گمراه کننده و فاسد ببار آورد. چرا؟ برای اینکه دوست داشت شیطان مزاحم انسان، مخصوصا مخالفان او بشود. آیا برایتان عجیب نیستکه خدای اسلام با این کارهایش در ابتدای هر سورۀ قرآن خدای رحمان هم خوانده میشود؟ خدای مسیحیان واقعا فرق میکند. او شیطان را آلوده نکرده است. شیطان خودش از آزادی خود سوء استفاده کرده بر علیه خدا طغیان کرد و ریشۀ گناه را در دنیا نهاد (بخوانید: پیدایش

باب ۱ آیهٔ ۳۱ ؛ حزقیال نبی باب ۲۸ آیه های ۱۳ تا ۱۷ و یهودا آیهٔ ۶). پس میبینید که خدا مسیحیت از هر نظر مخالف شیطان است و آرزو دارد که همه را، حتی دشمنانش را، از چنگال شیطان بیرون بیاورد.

فرق یازدهم بین خدای اسلام و خدای مسیحیت آنستکه خدای اسلام دیوها را برای بشارت اسلام بکار میگیرد

قرآن در سورهٔ (۷۲) جن آیه های ۱ تا ۱۳ میگوید که خدا دیوها را برای بشارت اسلام بکار میگیرد. کتاب "زندگینامهٔ محمد" در صفحه های ۱۰۶ و ۱۰۷ میگوید که: محمد مطمئن نبود که اولین سورهٔ قرآن (۹۶ علَق) را شیطان به او الهام کرد یا اینکه خدا.

دلیل اینکه خدای اسلام دیوها را در رسالت خود استفاده میکند برای اینستکه شخصیت خدای بتپرستها را دارد. فقط در بتپرستی است که دیوها هم ارزش دارند. ولی حقیقت مطلب اینستکه خدای واقعی نمیتواند دست در دست دیوها برای رواج دین خود کار کند. بنابرین میبینید که فرهنگ اسلام جدا از فرهنگ بتپرستی نیست. قرآنی که کتاب پاک و مقدس خوانده میشود فرهنگ و باورهای بتپرستی را هم در خود جا داده است. در قرآن حتی میخوانیم که دیوها و شیاطین خادمان پیامبران هستند.

خدای مسـیحیان نه اینکه دیوها را برای بشـارت اسـتفاده نمیکند، بلکه مردم را شـــفا هم داده از دیوها آزاد میکند. خدای حقیقی پاک، عادل و نیکوکار اســـت. او میداند که دیوها هیچ موقع پیام حقیقت را رواج نمیدهند بلکه همیشه باعث گسترش بیعدالتی هستند.

فرق دوازدهم بین خدای اسلام و خدای مسیحیت آنستکه خدای اسلام پیروان خود را در مورد آخرت بلاتکلیف میگذارد

قرآن در سورهٔ (۱۹) مریم آیهٔ ۶۸ میگوید که نیکوکاران به محظ اینکه مردند برای داوری به جهنم برده میشـــوند و در آنجا با بدکاران تا روز داوری منتظر خواهند بود. این موضـوع ترس عجیبی را در دل مسلمانان متعهد، از جمله محمد، ایجاد کرد و کرده اســـت که مبادا نتوانند از داوری بگـذرنـد. این ترس بی اطمینـانیِ روحـانی دل مسـلمانهای متعهد را جریحه دار کرده اسـت و هیچکدام از آنهـا جوابی مطمئن برای آخرت خود نـدارنـد. همـه میگویند که: «اللهُ اعلم».

ولی نیکوکاران مسیحی به محظ اینکه مردند پیش خداوند خواهند رفت. برای مسـیحیان مسـئلهٔ مرگ و زندگی روحانی در زندگی روی زمین مشخص میشود. با ایمان

به عیسی مسیح که زنده و در آسمان است شما مال ملکوت خداوند میشوید. و کسی که مال خداست از داوری گذشته دیگر در آن جهان داوری نخواهد شد بلکه مستقیما به نزد خداوند برده خواهد شد.

فرق سینزدهم بین خدای اسلام و خدای مسیحیت آنستکه خدای اسلام در این دنیا قابل دسترسی نیست

ملکوت خدا در اسلام در این دنیا قابل دسترسی نیست زیرا که خدای اسلام در این جهان قابل دسترسی نیست. مسلمانها در زندگی روزمره معمولا میگویند که خدا با آنهاست. ولی نمیدانند که این گفتارشان مخالف باور قرآن و اسلام است که میگویند خدا خود را ظاهر نمیکند. اما خدای مسیحیان ظاهر شدنی و در دسترس همگان است. او خودش را در عیسی مسیح ظاهر کرد که شما را نجات بدهد و با خود متحد کند تا شما هم بتوانید با او رابطهٔ ابدی داشته باشید. اگر در نام مسیح از خدا بخواهید که شما را نجات بدهد، او شما را نجات خواهد داد و شما هم تا به ابد مال او خواهید بود و دیگر هیچ چیزی نمیتواند شما را از او جدا کند.

فرق چهاردهم بین خدای اسلام و خدای مسیحیت آنستکه بهشت خدای اسلام شبیه بهشت بت پرستها است

در سرتاسر قرآن خبری از خدا در بهشت اسلام نیست. قرآن میگوید که فقط آنهایی که نظر خدا را به خود جلب کردند و یا آنهایی که در راه الله جهاد کردند و کشتند و یا اینکه کشته شدند زمان خود را با حوریهای هوسباز سپری خواهند کرد «سورهٔ (۳۷) صافات آیه ۴۸ و سورهٔ (۷۸) نَبا آیهٔ ۳۳». این باور باور بت پرستان دورهٔ محمد بود.

ولی برخلاف بهشت اسلامی، بهشت در کتاب مقدس مسیحیان برای هوسرانی مردان نیست. بهشت محل تاج و تخت خدا، و محل شادی پیوند با خدا و صلح ابدی با اوست. عیسی مسیح در انجیل خود به ما میگوید که پیروانش در بهشت با خدا خواهند بود (یوحنا باب ۱۳ آیه های ۱ تا ۶). باز هم انجیل در میابیم که گروه کثیری از همهٔ ملل و قبائل و امتها و زبانها در جلوی تخت خداوند ایستاده بخاطر اینکه خدا بهای سنگینی برای نجات آنها داد او را پرستش خواهند کرد (مکاشفه باب ۷ آیهٔ ۹). پس میبینید که بهشت در کتاب مقدس مسیحیان از مسائل غیر اخلاقی بهشت اسلام بدور است.

خدای مسیحیان از هر نظر با خدای اسلام فرق میکند، و از هر نظر بالاتر از خدای اسلام و قابل اعتماد است (مکاشفه ۱۹ آیهٔ ۱۶ را بخوانید). در حقیقت خدایی مثل خدای اسلام وجود ندارد. آن خدا خدای من در آوردی است.

من همهٔ این دلایل را به شما دادم که تشویق بشوید و انجیل عیسی مسیح را شخصا بخوانید و با چشمان خودتان حقیقت را ببینید.

زمان نظر و اندیشه ۶

۱. آیا خدای اسلام میتواند با مردمانش راه برود و به زندگی آنها هدف بدهد؟ چرا؟
۲. چرا همه نیاز دارند که از خدای کتاب مقدس پیروی کنند نه از خدای قرآن؟
۳. آیا شخصیتهای خدای اسلام روی مردم، اگر از او پیروی کنند، اثر میگذارند؟
۴. تا چه اندازه مهم استکه از خدای حقیقی پیروی کنیم و او را به دیگران هم بشناسانیم؟
۵. بیایید از خدای حقیقی بخواهیم که شخصا ما را هدایت کند تا ما هم بتوانیم حقیقت او را به دیگران بیان بکنیم.

آیا خدای اسلام میتواند راهنمای خوبی باشد؟

جواب درستی برای این سوال نخواهیم داشت تا زمانیکه به مشخصات و عملکرد یک راهنمای خوب با چشم وجدان خود نگاه نکنیم. پس بیایید به مشخصات و عملکرد یک راهنمای خوب نگاهی بیاندازیم. یک راهنمای خوب کیست؟

یک راهنمای خوب مقصد خوب و امنی را به پیروان خودش معرفی میکند

شما میخواهید که به یک محل مشخصی برسید، راهنما راه را میداند و شما هم نیاز به راهنمایی درست، مستقیم، دقیق و پرمهر او دارید. زمانی که یک راهنمای خوب قول میدهد که شما را به مقصد بردارد، این به آن معنی استکه او پشت قول خودش ایستاده قول خود را به عمل تبدیل میکند، حالا مهم نیستکه به چه بهایی برایش تمام بشود. به شما گارانتی میدهد که شما را به آن محل برساند. و زمانی هم که بدنبالش میروید و توان بیشتری در او میبینید اطمینان شما به او صد در صد میشود.

یک راهنمای خوب خطرها و تهدیدهای راه را هم خوب میداند و بهترین روش پیروزی به آنها را در پیش خودش دارد. یک راهنمای خوب هرگز با راهنماهای بد

همکاری نمیکند تا به پیروان خودش خیانت بکند. اگر لازم باشد جان خودش را هم میگذارد و از پیروانش حمایت میکند تا اطمینان محکمی در دل پیروان خود ایجاد بکند.

آیا شخصیتهای خدای اسلام با این مشخصات زیبایی که برایتان بیان کردم هماهنگی دارند؟ آیا خدای اسلام مقصد خوب و سالمی برای پیروان خود دارد و به آنها قول میدهد که خود باعث تهدید آنها نشود؟ آیا او شخصیتهای قابل اعتمادی دارد تا بتواند مردم را در امنیت هدایت کند؟ بیایید ببینیم که مسافرت روحانی با خدای اسلام به کجا میانجامد.

سورهٔ مریم (۱۹) در آیه های ۶۸ تا ۷۲ به ما میگوید که خدا ابتدا همهٔ نیکوکاران و بدکاران را با هم در جهنم گرد هم میاورد تا آنها را داوری بکند. بعد از داوری، بدکاران در جهنم باقی خواهند ماند ولی از بین نیکوکاران فقط آندسته به بهشت خواهند رفت که میتوانند از پل صراط[۶] بگذرند. بقیهٔ نیکوکاران در جهنم با بدکاران

---

[۶] پل صراط در اسلام به اندازهٔ ضخامت دهنهٔ یک چاقو باریک هست که جهنم را به بهشت وصل میکند. اسلام آموزش میدهد که فقط نیکوکاران میتوانند از چنین پل باریکی عبور بکنند و وارد

باقی خواهند ماند. بعبارت دیگر، در این آیه ها خدای اسلام به پیروان وفادار خودش میگوید که: « ای پیروان، شما بیشتر از کسان دیگر به من وفادار بوده اید و مرا خوشحال کرده اید. ولی من نمیتوانم قول بدهم که همهٔ شما به بهشت خواهید رفت. ممکنست که شما برای همیشه در جهنم بمانید و تا به ابد عذاب بکشید.»

چه راهنمای عجیبی!؟ میبینید که زیر نظر راهنمایی خدای اسلام بدکاران آنچیزی را که سزاوارش بودند میگیرند. آنها در این دنیا هر کاری را که میخواستند کردند و میدانستند که سزاوار جهنم بودند. خدای اسلام هم آنها را به جهنم هدایت میکند. ولی بیچاره آن پیروان نیکوکار خدای اسلام که به او اعتماد کردند و به خاطر او محرومیت کشیدند، همه به امید اینکه خدایشان آنها را به بهشت برمیدارد. ولی آنها زیر نظر راهنمایی خدایشان بدرد بدکاران مبتلا میشوند و در جهنم باقی میمانند.

پیغام قرآن در مورد بدکاران کاملا مشخص است، برای بدکاران خوشحال کننده نیست؛ آنها در جهنم باقی خواهند ماند. ولی برای نیکوکاران هم آنچنان خوشحال کننده

بهشت بشوند. با وجود این، حتی پیامبر اسلام هم اطمینان نداشت که بتواند از این پل عبور بکند.

نیست. آن نیکوکارهایی که کارهای نیکشان بیشتر نیست در جهنم با بدکاران باقی خواهند ماند.

شکی نیستکه خدای اسلام دشمن آنهایی استکه اسلامیت را بجا نمیاورند. ولی بر اساس این آیه ها دوست حقیقی پیروان نیکوکار خودش هم به نظر نمیاید. با دوستان خودش هم مثل دشمن برخورد میکند. خودش را در ابتدای هر سورهٔ قرآن رحیم میخوانَد ولی به نیکوکاران خودش رحمت ندارد و آنها را برای داوری به جهنم میبرد و یک عده را هم آنجا تا ابد میگذارد. آیا خدایی که رحمان است با نیکوکارانش مثل بدکاران رفتار میکند؟ آیا تعریف رحمان و رحیم در قرآن همین است؟ اگر رحمان خدای اسلام پیروانش را از رویارویی با وحشت جهنم محافظت نمیکند، آن چه نوع رحمانی جز جور و جفا و غیر حقیقی میتواند باشد؟ این آیه های قرآن نمونه های آشکار و روشنی برای خوب نبودن راهنماییهای خدای اسلام هستند.

آیا خدای حقیقی نباید پیروان خودش را مستقیما به آسمان ببرد؟ بله باید ببرد. خدای حقیقی همینکار را میکند. خدای کتاب مقدس پیروانش را مستقیما به آسمان به پیش خود میبرد. اما خدای اسلام اینکار را نمیکند زیرا که او خدای حقیقی نیست. مهم نیستکه یک مسلمان تا چه اندازه

در نزد خدای خود نیکوکار هست خدایش اور را باز هم برای داوری به جهنم، یعنی آن محل وحشتناک، خواهد برد و ممکن استکه تا ابد هم آن پیرو الله آنجا بماند.

قرآن میگوید که ورود به بهشت نامعلوم است

سورهٔ لقمان (۳۱) در آیهٔ ۳۳ میگوید که: فقط خدا است که از ساعت موعود با خبر است .... کسی نمیداند که چه نصیبش خواهد شد. به عبارت دیگر، خدای اسلام میداند که در روز داوری کدام نیکوکاری در جهنم باقی خواهد ماند، ولی این سر را به هیچ نیکوکاری حتی به محمد هم آشکار نکرد و همه را در بلاتکلیفی گذاشت. آیا از راهنمایی خدای خود تعجب نمیکنید؟ به شما میگوید که به دنبالش بروید ولی به شما نمیگوید که عاقبت شما چه است. آیا در زندگیِ روزانه شما بدنبال کسی که هدفش نامعلوم است و مقصدش را برای شما مشخص نمیکند میروید؟ اگر نمیروید، پس چگونه دنبال خدایی میروید که همین خصوصیات را دارد؟

خدای اسلام حتی محمد را در بی اطمینانی میگذارد. در سورهٔ احقاف (۳۶) آیهٔ ۹ محمد به پیروانش میگوید: «من نمیدانم که بر سر من و شما چه خواهد آمد.» میبینید که حتی پیامبر اسلام هم از خدایی که هدفش نامعلوم

است پیروی میکند و از نجات خودش اطمینانی ندارد. آیا غم انگیز نیست که محمد و هیچ مسلمان نیکوکار دیگری از آیندهٔ خود با خبر نبودند ولی دیگران را به زور مجبور کردند که برای آیندهٔ نامعلومی پیروان آنها بشوند؟ آنها بسیاری را به خاطر پیروی نکردن از آنها کشتند.

مایهٔ تاسف استکه محمد این راهنمایی بی اطمینان خدای خودش را «خبر خوش» نامگذاری میکند. در سورهٔ اعراف (۷) آیهٔ ۱۸۸ محمد میگوید که: من اگر خدا را میشناختم آنگاه میتوانستم نیکی را جمع کنم تا بدی و پلیدی نصیبیم نشود. چکار میشود کرد که من فقط هشدار دهنده و مژده رسان به آنهایی هستم که ایمان میاورند. در این آیه محمد میخواهد بگوید، بجای اینکه نیکی خدا نصیبش بشود بدی شیطان نصیبش شد. چرا؟ برای اینکه خدایش به او دانش و حکمت کافی نداد. و در آخر این آیه میگوید که او هشدار دهند و مژده رسان است.

مژده رسانِ چی؟ آیا عدم شناخت خدا، کمبود نیکی و فراوانی بدی «مژده» است؟ آیا باورتان میشود؟ آیا شما کمبود آگاهی از خدا را «مژده» میخوانید؟ آیا شما بدی را که از شیطان میاید «مژده» میخوانید؟ آیا ورود همهٔ نیکوکاران به جهنم برای داوری «مژده» است؟ آیا بیخبری از ورود به بهشت «مژده» خوانده میشود؟ آیا

ماندن بسیاری از نیکوکاران در جهنم «مژده» خوانده میشود؟ آیا شما واقعا میخواهید که خدای اسلام را «راهنمای خوب» بخوانید در صورتیکه باعث بی اطمینانی رسولش و پیروانش شد؟ ای کاش فرصتی میافتید و انجیل را میخواندید و میدیدید که خدا تا چه اندازه مواظب پیروانش است! برای خدای انجیل اطمینان روحانی از همه چیز بالاتر است.

آیندۀ محمد با آیندۀ پیامبران کتاب مقدس فرق میکند

بیایید ببینیم که فرق بین آیندۀ محمد و پیامبران کتاب مقدس چه است؟

کتاب تورات در خروج باب ۳۲ آیه های ۳۲-۳۱ میگوید که نام موسی در کتاب زندگی آخرت نوشته شده است. پس زمانی که موسی در میان پیروان خود زندگی میکرد میدانست که نجات روحانی داشت و خدا جایی در آسمان برای او تهیه دیده بود. پیامبر دانیال در کتاب خود باب ۱۲ آیۀ ۱ میگوید که نام همۀ پیروان خدای کتاب مقدس در کتاب زندگی آخرت نوشته شده است. این پیامبر هم میگوید که هیچ ترسی بر پیروان خدا نباید باشد زیرا که خانۀ آخرت آنها در آسمان پیش خداست. پس بر اساس کتاب مقدس نام موسی، دانیال، پیامبران دیگر و

نام همهٔ آنهایی که پیروان حقیقی خدای کتاب مقدس هستند در دفتر حیات ثبت شده است. آنها از مرگ روحانی و یا از جهنم نجات دارند و از اکنون تا ابد مال خدا و آسمان خدا هستند. ولی بر اساس قرآن نه نام محمد و نه نام هیچ مسلمانی در دفتر حیات قید شده است و هیچ مسلمانی نیستکه از آیندهٔ خود اطمینان داشته باشد. آیا فرق معامله را میبینید؟

عیسی مسیح پیروانش خودش را هدایت کرده و به آنها اطمینان میدهد

انجیل تعلیم میدهد از زمانیکه شما به مسیح ایمان میاورید رابطهٔ شما با جهنم برای ابد قطع میشود و شما از بدی محافظت میشوید. مرکزیت کلام کتاب مقدس مسیحیان اینستکه اطمینان از نجات باید در زندگی روی زمین شروع بشود. یک خدای حقیقی، دانا و توانا مردم را بلا تکلیف نمیگذارد.

عیسی مسیح در کتاب یوحنا باب ۵ آیهٔ ۲۳ انجیل میگوید که: براستی به شما میگویم او که کلام مرا بشنود و ایمان بیاورد محکوم نخواهد شد بلکه از مرگ گذشته زندگی ابدی خواهد داشت.

آیا ناراحت کننده نیستکه رهبران اسلامی کتاب تورات و انجیل را که پر از اطمینان هستند ناکامل خوانده ولی قرآن را که هیچ اطمینانی به پیروان خود نمیدهد کامل میخوانند؟

قرآن میگوید که خدای اسلام گمراه کننده است

بگذارید که چند نمونهٔ دیگری هم از نحوهٔ راهنمایی تعجب آور خدای اسلام به شما بدهم.

خدای قرآن نه اینکه راهنمای خوبی نیست، بلکه قرآن میگوید که او هر که را که بخواهد گمراه هم میکند. سورهٔ ابراهیم (۱۳) آیهٔ ۳ میگوید که خدا هر که را بخواهد گمراه میکند.

تصورش را بکنید که علامتی بر گردن یک راهنمایی آویزان باشد و به شما بگوید که: «من راهنمای گمراه کننده هستم.» آیا به چنین شخصی اعتماد میکنید که راهنمای شما بشود؟ اگر نه، پس به خدای اسلام هم نباید اعتماد کنید که میگوید گمراه کننده است.

بگذارید که یک نمونهٔ غم انگیزتری از هدایت خدای اسلام به شما بدهم.

سورهٔ نساء (۳) در آیهٔ ۸۸ میگوید که: ای محمد، تو نمیتوانی راه هدایتی برای آنکسی که خدا گمراه کرده است پیدا کنی. خدای اسلام در این آیه میگوید که او آنچنان ترا گمراه میکند که حتی میانجیگری محمد هم بدرد تو نمیخورد. آدم چرا باید دنبال یک چنین راهنمای گمراه کننده ای برود که هیچ چاره ای برای برگشت نداشته باشد؟

پس میبینید که شما در اسلام با چنان خدایی روبرو هستید که آشکارا به شما میگوید که برای زندگی روحانی شما خطرناک است و اگر به او اعتماد کنید کسی نمیتواند به شما کمک کند و راه نجات هم بروی شما بسته خواهد شد. بخاطر همین بود که من اسلام را ترک کردم. دیدم که خدای اسلام نه اینکه راهنمای خوبی نبود بلکه یک تهدیدی هم برای زندگی روحانی من بود. پس، مسلمان ماندنم جز ضرر روحانی چیز دیگری برای من نداشت.

خدا در کتاب مقدس مانند شبان نیکو است

اجازه بدهید که چند نمونهٔ دیگر هم از راهنماییهای خدای کتاب مقدس به شما بگویم. مهر عظیم خدای کتاب مقدس نسبت به پیروانش شما را شگفتزده خواهد کرد و آنگاه خواهید فهمید که چرا خدای اسلام را ترک کرده پیرو

خدای مسیحیان شدم. ببینیم که خدای کتاب مقدس چه کارهایی برای پیروانش میکند.

یعقوب در کتاب پیدایش باب ۳۸ آیهٔ ۱۵ در تورات میگوید که: خداوند در تمام زندگی من تا کنون شبان من بوده است. پیامبر داوود در مزمور ۲۳ آیه های ۱ و ۳ میگوید که: خداوند شبان من است؛ ... او روح مرا تازه نموده بخاطر نام خود مرا در راه نیک هدایت خواهد نمود. پیامبر اشعیاء نبی در کتاب اشعیاء نبی باب ۳۰ آیهٔ ۱۳ میگوید که: خداوند گلهٔ خود را مثل یک شبان مواظبت خواهد کرد. با بازوهای خویش بره ها را جمع کرده در آغوش خود آنها را حمل خواهد کرد، و با نرمی آنهایی را که شیر خواره دارند هدایت خواهد کرد. در کتاب حزقیال نبی باب ۳۳ آیهٔ ۱۵ خداوندمیگوید که: من خودم گلهٔ خود را شبانی کرده باعث آرامی آنها خواهم شد. حالا هم ببینید که مسیح چه میگوید؟ او در کتاب یوحنا باب ۱۰ آیهٔ ۱۱ میگوید که: من شبان نیکو هستم. شبان نیکو جان خود را برای گلهٔ خود میدهد. میبینید که چه فرق بزرگی بین دل خدای کتاب مقدس و دل خدای قرآن وجود دارد.

خدای اسلام با ثبات نیست

بگذارید با چند نمونهٔ دیگر نیز نشان بدهم که خدای اسلام نمیتواند واقعی و راهنمای خوبی باشد. خدای اسلام ابتدا باور داشت که دین نباید بزور تحمیل بشود. زمانیکه محمد در مکه بود، پیروان زیادی و قدرت زیادی نداشت، خدایش به او در سورهٔ بقره (۲) آیهٔ ۲۵۶ چنین گفت: «هیچ اکراه و اجباری در دین نیست.» و در سورهٔ کهف (۱۸) آیهٔ ۲۹ میگوید که: این راستی از خداست، اجازه بده تا هر کس که بخواهد ایمان بیاورد و هر کس که بخواهد کافر بشود ...

ولی خدای اسلام بعدها فکرش را عوض کرد. زمانیکه محمد پیروان زیادی پیدا کرد و ارتشی تشکیل داد، خدایش به او در سورهٔ توبه (۹) آیهٔ ۳۳ چنین گفت: «اوست خدایی که رسول خود را با دین حق فرستاد تا آنرا بر همهٔ ادیان عالم برتری دهد هر چند مشرکان ناراضی و مخالف باشند.» و در سورهٔ انفال (۸) آیهٔ ۱۲ میگوید که: ... «همانا من ترس در دل کافران میافکنم تا شما گردن و نوک انگشتانشان را قطع کنید.»

باز هم زمانی که محمد ضعیف بود خدایش به او در سورهٔ بقره (۲) آیهٔ ۶۲ گفت که: «هر مسلمان و یهود و

مسیحی و ستاره پرست (صابعی) که به خدا و روز قیامت ایمان بیاورد و نیکوکاری پیشه کند پاداش نیکی خواهد داشت و هیچگاه اندوهگین نخواهد بود.» ولی در سورهٔ بینه (۹۸) آیهٔ ۶ میگوید که: «یهودیها، مسیحیها و مشرکان به جهنم میروند.» بالاخره چی شد؛ اینها به جهنم میروند یا اینکه به بهشت؟ آیا متوجه هستید که خدای اسلام چه میگوید؟ ابتدا به یهودیها و مسیحیها و حتی به ستاره پرستها وعدهٔ خوش میده که اگر در همان باورهایشان به خدا و روز قیامت اعتقاد داشته باشند به بهشت خواهند رفت. ولی بعدا میگوید که اگر آنها دینهای خود را ترک نکنند و مسلمان نشوند به جهنم خواهند رفت. آیا خدای حقیقی چنین سردرگمی ای از خود نشان میدهد؟ آیا یک خدای سردرگم میتواند کسان دیگر را به راه راست هدایت کند؟

حتی در یک سوره خدای اسلام دو پهلو صحبت میکند. در سورهٔ آل عمران (۳) آیهٔ ۵۵ میگوید که: «ای عیسی ... من پیروان ترا تا روز قیامت بر کافران برتری خواهم داد ...» ولی در آیه های ۱۹ و ۸۵ همین سوره میگوید که دین درست فقط اسلام است و هیچ دینی بجز اسلام پذیرفته نخواهد شد. آیا برایتان تعجب آور نیستکه خدای اسلام در یک سوره پیروی از مسیح را بالاترین وظیفهٔ روحانی قلمداد میکند ولی یک لحظه دیگر

فراموش میکند که در همان سوره چه گفته است، و پیروی از اسلام را اجباری معرفی میکند؟

خدای اسلام در سورهٔ بقره (۲) آیهٔ ۶۵ میگوید که او از یهودیهایی که شریعت موسی را در مورد سَبَت یعنی روز عبادت شنبه ترک کردند نفرت داشت و به همین خاطر آنها را به میمون تبدیل کرد. ولی از طرف دیگر از مسلمانان میخواهد که به یهودیها فشار بیاورند تا شریعت موسی را ترک کرده پیرو محمد بشوند و عبادت روز جمعه را بجا بیاورند. آیا این عجیب نیست که خدای اسلام از یک طرف ترک شریعت موسی را ممنوع میکند ولی از طرف دیگر میگوید که اگر شریعت موسی را ترک نکنند و تابع اسلام نشوند کشته خواهید شد؟ آیا خدای دانا و صادق میگوید که این دینها خوب هستند ولی یک روز بعد فکرش را عوض میکند و میگوید که این دینها بد هستند و پیروان آنها باید مسلمان شوند وگرنه کشته خواهند شد؟ قطعا یک خدای حقیقی این کار را نمیکند. خدای اسلام این کار را کرده است برای اینکه او خدای حقیقی نیست.

اطلاعات ضد و نقیض خدای اسلام در مورد عیسی مسیح

خدای اسلام در مورد مسیح هم به مسلمانان اطلاعات ضد و نقیض میدهد و آنها را خوب راهنمایی نمیکند. سورۀ آل عمران (۳) در آیۀ ۵۵ میگوید که: خدا گفت، ای مسیح من ترا ابتدا به مرگ سپرده بعدا ترا پیش خود به آسمان خواهم برد و ترا از دست بی ایمانان رهایی خواهم داد. ولی سورۀ نساء (۳) در آیۀ های ۱۵۷ و ۱۵۸ میگوید که یهودیها قادر نبودند که مسیح را به صلیب کشیده بکشند. سورۀ مائده (۵) در آیۀ ۱۱۷ میگوید که مسیح به خدا گفت: من تا زمانی که زنده و در میان یهودیان بودم شاهد اعمال آنها بودم. ولی از زمانی که تو مرا تسلیم مرگ کردی (فَلَمَّا تَوَفَّيْتَنِي) دیگر بعد از آن تو خودت شاهد هستی ... همچنین سورۀ مریم (۱۹) در آیۀ ۳۳ میگوید که مسیح گفت: صلح خدا در روزی که بدنیا آمدم با من بود، و در روزهای مرگ و رستاخیز از مرگ نیز با من خواهد بود. پس به روشنی میبینید که چگونه خدای اسلام مسلمانان را در مورد مسیح سردرگم نموده راهنمای خوبی برایشان نیست.

اجازه بدهید که دو نمونۀ دیگری از پیام ضد و نقیض خدای اسلام را به شما بگویم. در سورۀ انبیاء (۲۱) آیه های ۳۳ و ۳۵ خدای محمد به او میگوید که: ما قبل از

تو به هیچ کسی زندگی دائمی ندادیم که تو بمیری ولی آنها زنده بمانند. هر کسی باید طعم مرگ را بچشد ... در سورۀ آل عمران (۳) آیۀ ۱۸۵ هم همین را میگوید: هر کسی طعم مرگ را میچشد.

آیا این خدا میداند که چه میگوید؟ در سوره های آل عمران، مائده، مریم و انبیاء میگوید که مسیح مرد و هر کسی باید طعم مرگ را بچشد. ولی در سورۀ نساء میگوید که مسیح نمرد. این دوگانگی نشان میدهد که خدای اسلام مطمئن نیست که چه بسر مسیح آمد. مگر خدای واقعی انسانست که با سر در گمی سخن بگوید؟

از طرف دیگر، خدای اسلام میگوید که مسیح تا ابد زنده است ولی محمد مرد. چرا این خدا مسلمانها را تشویق میکند که از یک مرده پیروی کنند ولی از یک زنده پیروی نکنند؟

چه چیزی باعث شد که قرآن خدایش را آنچنان خدایی معرفی بکند که مردمش را کلک زده، گمراه میکند و آنها را به جهنم هم میبرد؟

قرآن تحت تاثیر بت پرستی قرار گرفت

قرآن تحت تاثیر بت پرستها قرار گرفت. فقط بت پرستها باور دارند که خدایشان این کار را میکند. محمد بتهای بتپرستها را نابود کرد، ولی فراموش کرد تصویری که در فکر خود از خدا داشت تصویر خدای بت پرستها بود و ابتدا باید آن تصویر را در دل و فکر خود از بین میبرد. یک خدای حقیقی دست به این کارهای ناگوار و بتپرستی نمیزند.

این کارها و حرکات ناگوار را که برایتان ییک بیان کردم نمیتوانند با خصوصیات خدای حقیقی هماهنگی داشته باشند. خدای حقیقی راهنمای خوبی است و به بخاطر مهر و محبت خودش مردم را خوب راهنمایی میکند و در مورد آینده هم به آنها اطمینان میدهد. شما واقعا نیاز دارید که از عیسی مسیح پیروی کنید.

زمان نظر و اندیشه ۷

۱. انتظار میرود که خدا راهنمای خوبی باشد. خصوصیات یک راهنمای خوب چه ها هستند؟

۲. چه احساسی به شما دست میدهد وقتیکه راهنمای شما شما را عمدا گمراه کرده از راه بدر میکند؟

۳. چرا خدای اسلام نمیتواند راهنمای خوبی باشد؟

۴. آیا در زندگی به یک راهنمای درستی نیاز داریم؟ چرا؟
۵. آیا بدون پیروی از خدای حقیقی میتوانیم به آسمان دسترسی داشته باشیم؟
۶. پیروی از یک راهنمای خوب تا چه اندازه مهم است؟

آیا از طریق اسلام با خدا در صلح هستی؟

آیا اسلام قادر است بین شما و خدا صلح برقرار کند؟ آیا میتوانی بگویی که صد در صد با خدا هستی، به بهشت او تعلق داری و جهنم را نخواهی دید؟ این چیزی استکه یک باور درست میتواند برایتان انجام بدهد؛ دستتان را در دست خدا بگذارد و در مورد آینده به شما اطمینان بدهد.

آیا اسلام آن باور درست است که صلح برقرار بکند؟

آیا تا کنون اسلام قادر بوده است که دستتان را در درست خدا بگذارد و به شما بگوید که رابطه اتان با خدا ابدی خواهد بود؟ آیا میتوانی بگویی که بخاطر اسلام در دل خود اطمینان و آرامش داری و هیچ نگرانی ای در مورد آخرت نداری؟ آیا مسلمانی را در طول تاریخ اسلام سراغ داری که توانست بگوید، «من اکنون آزاد هستم. من نجات پیدا کرده ام. من واقعا با خدا متحد هستم و تا ابدالاباد با او خواهم بود.»

ولی واقعیت اینستکه من و شما میدانیم که حتی محمد قادر نبود که از آنچنان اتحادی با خدا شهادت بدهد که ابدالابادی باشد و بتواند به او اطمینان ابدی بدهد. در

صورتیکه، ایشان گفتند هرگز نمیدانستند که در آینده چه بسرشان خواهد آمد.

خدای حقیقی علاقه ای به آنچنان اتحاد موقت و یا اینکه اتحاد بشه و نشه ندارد. او خدای کامل است و علاقمند است که اتحادش هم کامل باشد. چونکه، اتحاد کامل است که صلح ابدی بین خدا و پیروانش، مخصوصا بین او و پیغمبرش، ایجاد میکند. بنابرین وقتیکه یک پیغمبری میگوید که از نوع زندگی بعد از مرگش بیخبر است، این به آن معنی استکه ایشان با خدا در اتحاد نیستند، اتحاد را مزه نکرده اند و به همین خاطر هم نمیدانند که اتحاد و صلح حقیقی با خدا چی هست. اینجا بود که در مورد زندگی روحانی خودم وقتیکه مسلمان بودم وحشت کردم. به خودم گفتم که پیغمبر اسلام زاهدتر از تمام مسلمانان بود. او در وفاداری به خدایش و در اجرای فرمانهای اسلامی بینظیر بود. با وجود همهٔ آن اعمال نیکشان گفتند که آینده برایشان نامعلوم بود، آیا به بهشت بروند یا اینکه آن شانش را از دست بدهند.

پی بردم که یک چیز اشتباهی باید در اسلام باشد، وگرنه بی اطمینانی ای پیدا نمیشد که مسلمانها را در مورد آینده اشان به وحشت بیندازد. اسلام یعنی تسلیم. مسلمان یعنی کسی که خودش را به خدا تسلیم کرده است. مگر قرار

نیست این تسلیم برای تسلی مسلمانها باشد و برای آیندهٔ آنها اطمینان ایجاد کند؟ وگرنه چه سودی دارد که انسان خودش را به خدای اسلام تسلیم کند؟ به خودم گفتم، «چرا باید دیگران را به اسلام دعوت کنم که خودشان را به اسلام تسلیم کنند و مثل من سردرگم بشوند؟ چرا باید از اسلام پیروی کنم که این بی اطمینانی روزانه به من شکنجه بدهد؟» واقعا خوشبختی من از آنجایی شروع شد که این سوالها به فکر من آمدند و پاره های زندگی روزانهٔ من شدند.

آیا هیچگاه شده که چنین سوالهایی را در فکر خودت مطرح کنی و به یک نتیجه ای برسی؟ واقعا برایت حیاتی استکه راهی پیدا کنی تا ترا از هر نوع ابهامی نجات بدهد، ترا با خدا متحد کند و در دلت هم صلح و اطمینان ابدی بکارد. آرزوی خدای حقیقی هم اینستکه به او اجازه بدهی که وارد زندگی ات بشود تا بتواند در مورد آینده به تو اطمینان بدهد. هر باوری هم که ادعای خدایی بودنش را دارد باید انعکاس آرزوی خدا باشد و بتواند بین تو و خدا اتحاد ناگسستنی ایجاد بکند.

اسلام قادر نبوده استکه در مورد آینده ات به تو اطمینان بدهد. به همین دلیل نیاز داری از آن باوری پیروی کنی که میتواند بین تو و خدا اتحاد ایجاد کند و به تو اطمینان

کامل بدهد. زمانیکه میگویی خدا با توست ولی در مورد آینده ات اطمینان نداری، آنگاه هستکه میتوانی ناامیدی اسلام را در مورد زندگی آینده ات ببینی.

بتپرستها هم در مورد آینده اشان آرامش ندارند

اسلام با بتپرستی فرقی ندارد. بتپرستها هم در مورد آینده اشان دقیقا مثل مسلمانها صحبت میکنند و میگویند که نمیدانند که بعد از مرگ چه بسرشان خواهد آمد. آنها هم در مورد آینده اشان مثل مسلمانها در ترس هستند.

خدای اسلام چه نوع خدایی هستکه دلسوز خوانده میشود ولی برای کمک به مسلمانها در مورد ترس آینده اشان شتاب نمیکند؟ مسلمانها روزی پنج بار نماز میخوانند، سالی یک ماه روزه میگیرند و هر آنچه را که از آنها خواسته شده است بجا میاورند، ولی با وجود همۀ اینها هنوز در وحشت این هستند که آیا مسافرت روحانی آنها به بهشت ختم خواهد شد یا اینکه به جهنم.

دلسوزی یعنی همدردی، همدمی، دلواپسی و مواظبت. اگر هر روز داری به خدای خودت گریه و زاری و دعا میکنی که ترا در راه مستقیم بگذارد و ترا از ترست نجات بدهد، پس چرا خدایت ترا نجات نمیدهد، چرا دلت را از شادی و آرامش پر نمیکند؟ پس یک نابسامانی ای

باید در اسلام باشد. یا خدا دلسوز نیست، یا اینکه مسلمانها در راه مستقیم نیستند. اما هر شخص مذهبی در دنیا میداند که خدا منبع دلسوزی است. اگر چنین است پس خدا هیچگاه دلسوزی خودش را نسبت به آنهایی که برای کمکش فریاد میزنند به تاخیر نمیاندازد. بنابرین، اسلام باور درستی نیستکه دلسوزی خدا را برای مردم به تاخیر میاندازد.

زمانیکه از یک باور درستی پیروی میکنی خدا دلترا پر از اطمینان، صلح و شادی میکند. اطمینان بخاطر اینکه خدا دانای کامل است و آینده ات را دقیقا برایت مشخص خواهد کرد؛ صلح بخاطر اینکه در آغوش خدا یعنی در جای امنی خواهی بود که هیچ چیزی قادر نخواهد بود ترا از محبت و مواظبت او جدا کند؛ و بالاخره شادی بخاطر اینکه دیگر از آینده هراسی نخواهی داشت. هیچیک از اینها را در اسلام نداری.

اسلام دین کامل نیستکه اطمینان صد در صد بدهد

همهٔ آنچیزیکه از بچگی تا به حال در مورد اسلام شنیدی آنستکه اسلام دین آخر و کامل است و خدا هم با مسلمانهاست. با وجود اینکه هیچگونه دلیل منطقی هم برای این ادعاها در اسلام نیست. اسلام اگر دین کاملی

بود باید به شما امید کامل و اطمینان کامل هم میداد، ولی اینها را به شما نداده است. یک دینی با چنین نا امیدی ای نباید کامل خوانده بشود.

با خدا بودن هم به این معنی استکه آینده ات به جهنم ختم نمیشود، بلکه صد در صد اطمینان پیدا میکنی که چون بر روی زمین با خدا هستی، بعد از مرگ هم با او در آسمان خواهی بود. خدا خدای اطمینان است هم برای این دنیا و هم برای دنیای ابدی. اگر خدا با تو هست پس باید در مورد هر دو دنیا به تو اطمینان بدهد. پس کجاست این اطمینان؟ اگر خدای اسلام و یا هر خدای دیگری در مورد آینده ات به تو اطمینان صد در صد ندهد آن خدا خدای حقیقی نیست.

پیغام اسلام ضد و نقیض است. مگوید که خدا در این جهان با مسلمانهاست، ولی در مورد جهان دیگر میگوید که؛ معلوم نیست که آیا آنها با خدا خواهند بود و یا اینکه به جهنم خواهند رفت.

تسلیم به خدای اسلام صلح ایجاد نمیکند

تسلیم به خدا و اتحاد با او در زندگی روی زمین باید انسان را به اتحاد و صلح ابدی با خدا بردارد و در مورد

آینده اش به او اطمینان صد در صد بدهد. فرق بزرگ بین اسلام و مسیحیت همینجاست.

انجیل عیسی مسیح میگوید که اگر اکنون با خدا هستی، تا ابد هم با او خواهی بود. ولی قرآن میگوید اگر اکنون با خدا باشید معلوم نیستکه در آخرت با او خواهید بود یا اینکه به جهنم خواهید رفت. پس میبینید که در انجیل اتحاد با خدا یک اتحاد حقیقی است. این اتحاد اتحادی استکه بین شما و خدا دوستی ای برقرار میکند که تا ابدالاباد ادامه پیدا میکند. دوستی واقعی باید هم عمقی، طولانی و پر از اطمینان باشد. دوستی با خدای اسلام عمقی و طولانی نیست، بلکه با ترس همراست که ترس هم بنوبۀ خود اعتماد و صلح و آرامش را از بین میبرد.

پس متوجه میشویم که در اسلام تسلیم به خدا یک تسلیم ریشه ای و روحانی نیست، بلکه ظاهری و دنیویست. اگر حقیقتا روحانی بود هیچگاه در مورد آخرت در مسلمانها ابهام و ترس ایجاد نمیکرد، بلکه برای بودن با خدا به آنها اطمینان ابدی میداد.

اما بنا بر انجیل عیسی مسیح اگر شما در زندگی روی زمین با خدا متحد شده تسلیم او بشوید، او هیچگاه عهد خود را با شما نادیده نخواهد گرفت بلکه آنرا تا ابدالاباد

نگاه خواهد داشت و دل شما را پر از اطمینان خواهد کرد. بنابرین، اتحاد ما با خدا در زندگی روی زمین ما را به آسمان وصل میکند و به آنجا هم خواهد برد تا برای همیشه با خدا باشیم.

پس زمانیکه یک نفر از شما میپرسد، «آیا از طریق اسلام با خدا در صلح هستی یا نه؟» جوابتان باید «نه» باشد مادامیکه اسلام به شما در مورد آخرتتان اطمینان نمیدهد. آنگاه باید به آن شخص مراجعه کنید و از او بپرسید چه کار باید بکنید که تا با خدا صلح داشته باشید و از ترس بی اطمینانی آینده هم نجات پیدا بکنید. نور خدا را در آن شخص خواهید دید اگر ایشان یک پیرو واقعی عیسی مسیح باشند. از او یاد خواهید گرفت که چگونه با خدا متحد بشوید و با او صلح داشته باشید. همچنین یاد خواهید گرفت که چگونه با دیگران هم صلح داشته باشید.

اتحاد با منبع صلح استکه که به شما صلح ابدی میدهد

خدا منبع صلح است. اتحاد با منبع صلح، صلح را وارد زندگی شما نیز میکند. آنگاه شما هم پر از صلح و همچنین طرفدار برقراری صلح خواهید شد و با دیگران نیز در صلح زندگی خواهید کرد. اگر شما با خدا حقیقی

در صلح نباشید نمیتوانید با دیگران هم، چه در خانواده و چه در بیرون از خانواده، صلح حقیقی داشته باشید.

زمانیکه با خدا در اتحاد و صلح باشید، دلسوزی خدا انگیزهٔ رابطهٔ شما با دیگران خواهد شد، و بجای تنفر از دیگران به فکر صلح و دوستی با آنها خواهید بود. در آنصورت دیگر میتوانید بگویید که: «اگر خدا به منِ گناهکار دلسوز و مهربان است، پس منهم باید به دیگران که مثل من گناهکارند دلسوز و مهربان باشم.»

این نوع دلسوزی، محبت و صلحجویی از باور عیسی مسیح هستند نه از اسلام محمد. عیسی مسیح هرگز به گناهکاران تنفر نشان نداد، آنها را نفرین نکرد و هیچگاه دستور به کشتن آنها نداد. بلکه با مهربانی به آنها نزدیک شد، تا با مهربانی گناهکار را عوض کند نه با تنفر و تهدید. برای عیسی مسیح، محبت و مهربانی و صلح هستند که میتوانند انسانها را به معنای واقعی عوض کنند نه تنفر و خشونت. در تمامی انجیل عیسی مسیح برای نمونه حتی یک آیه نیستکه مردم را تعلیم به تنفر گناهکاران و یا مخالفان بکند و یا اینکه فرمان کشتن دیگران را بدهد. عیسی مسیح مرا و میلیونها نفر را فقط با مهر و محبت عظیم خودش عوض کرد. او چشم ما را باز کرد تا بفهمیم که تنفر یک انسان نه اینکه فقط دیگران

را هدف میگیرد بلکه زندگی شخصی و خانوادگی خودش را هم نابود میکند.

پس میبینیم که اتحاد و صلح واقعی با خدا چگونه ما را عوض کرده به انسانهای صلحجو تبدیل میکند و راه را هم برای اتحاد و دوستی با دیگران برایمان هموار میکند. همچنین میتوانیم بفهمیم که چرا اسلام قادر به ایجاد صلح نبوده است. این بخاطر اینکه در اسلام تنفر و خشونت قویتر از مهربانی و بخشش هستند. نقطهٔ سخن من اینسکه: شما نیاز دارید که با خدای حقیقی صلح داشته باشید، و این صلح فقط از طریق عیسی مسیح ایجاد میشود. همچنین نیاز دارید که در خانواده اتان و با دیگران هم صلح داشته باشید. اینهم فقط بوسیلهٔ پیروی از عیسی مسیح امکانپذیر است.

آیا مشتاق هستید که با خدا در صلح باشید تا در خانواده اتان و در رابطه اتان با دیگران هم صلح داشته باشید؟ واقعا اگر جدی هستید آنگاه نیاز دارید که با چشم وجدان به همهٔ این مسائل منطقی که با شما در میان گذاشتم نگاه عمقی کرده برای خودتان سبک سنگین کنید.

صلح حقیقی بدون رهبری سرور صلح حاصل نمیشود

آن سرور صلح کیست؟ فکر میکنی که چه کسی میتواند آن سرور صلح باشد؟ سرور صلح آنکسی میتواند باشد که دل خدا را داشته باشد و همچنانکه خدا با دلسوزی به مردم نزدیک میشود او هم مانند خدا به مردم نزدیک بشود. سرور صلح باید اعتقاد به حق آزادی هر کس داشته باشد و هیچ تبعیضی در حق کسی، چه خودی و چه غریبه، قائل نشود. زیرا که همه یکسان و با حق آزادی انتخاب خلق شده اند. همچنانکه خداوند دست و دل باز است و دنیا را برای همه خلق کرده است و بارانش را برای همه میفرستد، سرور سلامتی هم باید مانند خدا دست و دل باز باشد تا بتواند دل دشمنانش را هم بدست بیاورد. پاهای سرور صلح و سلامتی هم بسوی جنگ روان نمیشوند مادامیکه ماموریتش ایجاد صلح و اتحاد بوسیله دانش و آگاهی در میان مردم است.

حالا اگر یک انجیلی از یک مسیحی ای قرض کنی، آنرا خوانده با قرآن و یا کتاب هر دین و عقیدۀ دیگری مقایسه کنی آنگاه خواهی دانست که آن سرور صلح عیسی مسیح است.

هفتصد سال قبل از تولد عیسی مسیح، اشعیاء نبی در مورد عیسی مسیح در کتاب اشعیاء نبی باب ۹ آیهٔ ۶ چنین نبوت کرد: برای ما پسری به دنیا خواهد آمد. سلطنت بر دوش او خواهد بود. و نام او عجیب و مشیر و خدای قدیر و پدر سرمدی و سرور سلامتی خوانده خواهد شد.

این نبوت با به دنیا آمدن عیسی مسیح به حقیقت پیوست. چنانکه انجیل در کتاب کولسیان باب ۱ آیه های ۱۹ و ۲۰ میگوید: تمامی پُری در عیسی مسیح ساکن شد تا میان خدا و مخلوق او در زمین و آسمان صلح ایجاد کند.

عیسی مسیح سرور صلح و سلامتی است. او قادر استکه بین شما و آسمان و بین همهٔ انسانها آشتی ایجاد کند. از او پیروی کنید تا بتوانید با خدا اتحاد و صلح ابدی داشته باشید.

زمان نظر و اندیشه ۸

۱. صلح داشتن با خدا چه معنی دارد؟
۲. صلح با خدا چه اهمیتی دارد و چه اثری روی زندگی اجتماعی ما میگذارد؟
۳. خدا در ایجاد صلح چه نقشی دارد؟

۴. اگر دین ما نتواند بین خدا و ما صلح ایجاد کند آنگاه چه باید بکنیم؟

۵. آیا دلیلی دارید که اعتماد به عیسی مسیح شما را با خدا متحد میکند؟ اگر دارید، چه قدمی نیاز دارید که بردارید؟

آیا قرآن کلام خدای حقیقی است؟

چگونه میتوانیم تشخیص بدهیم که یک کتابی از خداست یا نه؟

باید پیدا کنیم و ببینیم که آیا کلام آن کتاب با شخصیتهای خدای حقیقی هماهنگی دارند یا نه. از هر نظر باید کلام آن کتاب را ارزیابی کنیم. همین کار را میخواهیم با کلام قرآن انجام بدهیم؛ یک ارزیابی همه جانبه که تا هر کسی، سواددار یا بیسواد، با دلیل بداند که قرآن نمیتواند از خدای حقیقی باشد.

قرآن میگوید که خدا مستقیما با کسی سخن نمیگوید

اواین ارزیابی برای آنستکه بدانیم آیا خدای قرآن میتواند حرف بزند یا نه؛ اگر نتواند آنگاه کسی نمیتواند ثابت کند که قرآن از اوست.

فقط خدای فردیتدار استکه میتواند کلام بگوید تا کلامش بتواند با زندگی انسان که فردیت دار است ارتباط داشته باشد. خدای اسلام یک خدای فردیت دار و ارتباطی نیست، و نمیتواند کلام فردی و ارتباطی داشته باشد تا با کلامش بتواند با فردها تماس فردی برقرار کند. این به آن معنی استکه خدای محمد، برخلاف خدای موسی و

پیامبران دیگر کتاب مقدس، قادر به گفتگوی فردی با او نبود، و محمد بطور مستقیم صدایی و کلامی از خدای خود نشنید. پس گفتار قرآن نمیتواند از خدا باشد مادامکه پشت هیچیک از گفته هایش صدای خدا نیست.

کتاب مقدس، یعنی تورات و زبور و انبیاء و انجیل، کلام خداست. چرا؟ برای اینکه خدای کتاب مقدس خدای فردیتدار و ارتباطی است و او کلام خود را در ارتباطهای شخصی خودش با مردمش بیان کرد. خدا با موسی و تمام پیامبران دیگر کتاب مقدس شخصا سخن گفت. هر کدام از آنها کلام خدا را شخصا و با گوش خود از خدا بطور مستقیم شنیدند. تجربه های شخصی آنها با خدا در کتاب مقدس جمع شده به عنوان نور راه مردم عمل میکنند. در نتیجه، خدای واقعی باید فردیتدار باشد تا بتواند سخن بگوید و کتاب داشته باشد. خدای اسلام نمیتواند کتابی داشته باشد زیراکه نه فردیت دارد و نه قابل ارتباط است. پس قرآن نمیتواند از او باشد.

قرآن نمیتواند اطمینان نجات بدهد

دومین ارزیابی برای آنستکه بدانیم آیا خدای قرآن میتواند اطمینان نجات بدهد. اگر نتواند، آنگاه قرآن نمیتواند از خدای حقیقی باشد.

قران بصـــراحت در ســـوره های لقمان (۳۱) و احقاف (۳۶) میگوید که کســی نمیداند که در آخرت چه بســرش خواهد آمد. قرآن نه اینکه اطمینانی به مســلمانان نمیدهد، بلکه در سورهٔ مریم (۱۹) میگوید که مسلمانهای نیکوکار ابتدا به جهنم برای داوری برداشـــته خواهند شـــد. در صورتیکه، کتاب خدای زنده باید به مردمش زندگی ابدی بدهد و آنها را کاملا از جهنم دور نگهدارد. نظر به اینکه قرآن نمیتواند مســـلمـانـان را از جهنم دور نگهدارد پس کلامش نمیتواند از خدای حقیقی باشد. کتاب خدای حقیقی پیروانش را حتی برای یـک آن هم شـــده بـه جهنم برنمیدارد. ولی قرآن اینکار را میکند بخاطر اینکه کتاب خدای حقیقی نیست.

کلام خدای حقیقی باید قادر باشـــد بین خدا و پیروان او رابطـهٔ ابدی ایجاد کند، ولی قرآن چنین اطمینـانی برای مسلمانان ندارد.کتاب خدای حقیقی اطمینان نجات صد در صد میدهد. از زمانیکه شما با خدا متحد میشوید برای ابد مال ملکوت او خواهید بود و از نگرانی جهنم هم راحت خواهید شد. بعد از مرگ هم مستقیما به بهشت برداشته خواهید شد تا با خدا مشارکت ابدی داشته باشید.

قرآن حتی به محمد، که بالاترین مقام رهبری را در نزد خدایش داشت و بیشتر از هر کس دیگری به او نزدیکتر

بود، آرامش و اطمینان ابدی نداد. به همین جهت محمد در بی اطمینانی از نجات خود مرد. آیا خدای حقیقی فرد بسیار مورد علاقهٔ خودش را در بی اطمینانی میگذارد؟ قطعا نه. این مشکل، مشکل قرآن است، و قرآن با این مشکل نمیتواند کتاب خدای حقیقی باشد.

قرآن میگوید که خدا عمل غیر اخلاقی انجام میدهد

سومین ارزیابی برای آنستکه ببینیم آیا خدای قرآن عمل اخلاقی انجام میدهد یا اینکه عمل غیر اخلاقی.

قرآن میگوید که خدا کلکباز است

سورهٔ آل عمران (۳) آیهٔ ۵۳ و سورهٔ انفال (۸) آیهٔ ۳۰ میگویند که خدا کلکبازتر از همه است. سورهٔ یونس (۱۰) در آیهٔ ۲۱ میگوید که خدا در کلکبازی سریعتر از همه است. و در سورهٔ اعراف (۷) آیهٔ ۹۹ میگوید که هیچکسی از کلکبازی خدا نمیتواند در امان باشد.

آیا قرآن راست میگوید که خدای حقیقی حُقه بازتر از همه است؟ قطعا نه. خدای مقدس، نیکو و مهربان نمیتواند یک کلکباز باشد. قرآن واقعا مشکل ریشه ای دارد، و با این شهادتهای غیر خدایی خودش در مورد خدا نمیتواند کتاب خدای حقیقی باشد.

قرآن میگوید که خدا توطئه گر است

سورهٔ اسراء یا بنی اسرائیل (۱۷) در آیهٔ ۱۶ میگوید که خدا اجرای کارهای غیر اخلاقی را به مردم الهام میکند تا آنها گناه کنند و خدا هم بهانه ای برای نابودی آنها داشته باشد. آیا خدای دلسوز، مهربان و پر از محبت به طبیعت خودش پشت کرده کارهای شیطانی میکند؟ کی میتواند اینرا قبول کند؟ اینگونه بیانات قرآنی دلایل روشنی برای خدایی نبودنش است.

قرآن میگوید که خدا با دروغ گفتن مخالفان خودش را به دام میاندازد

سورهٔ اعراف (۷) در آیه های ۱۸۲ و ۱۸۳ و سورهٔ قلم (۶۸) در آیه های ۳۳ و ۳۵ از زبان خدا میگویند: من آنانی را که آیات ما را رد میکنند با نیرنگ بتدریج بدام میاندازم بدون اینکه از مکر من با خبر باشند. آیا خدای قادر مطلق برای نابودی مخالفان خود نیاز به نیرنگ و دروغ دارد؟ آیا خدای دانا ضعف دارد و نمیتواند با حقیقت به مردم نزدیک بشود پس کلک و دروغ را انتخاب میکند؟ چرا خدا مانند یک بازنده با مخالفان خودش برخورد میکند؟

جای بسی تعجب است‌که قرآن خدا را خوار کرده مثل انسانهای گناهکار معرفی میکند. از طرف دیگر، مگر خدا مردم را با حق انتخاب خلق نکرده است‌که تا آنها حق مخالف بودن هم داشته باشند؟ پس چرا خدا به این اصل اساسی خودش پشت کرده با آزادی مردم مخالفت میکند؟ قطعا خدای خالق از آزادی انتخابی که به مخلوق خود داده است هراسان نمیتواند باشد تا به دروغ پناه ببرد. دوستان غزیز، آدم دلش میسوزد که بیش از یک میلیار مسلمان از قرآن پیروی میکنند بدون اینکه بدانند این کتاب مخالف خدای حقیقی سخن میگوید.

قرآن میگوید که خدا شیطان را گمراه کننده خلق کرد

سورهٔ اعراف (۷) آیهٔ ۱۶ میگوید که خدا شیطان را به عنوان خرابکار و فاسد خلق کرد تا مردم را گمراه کند. آیا باور کردنی است که خدای دلسوز دشمن را مجهز میکند که مردم را عذاب بدهد؟ آیا باور کردنی است که پدر و یا مادر دلسوزی با یک دشمنی دست به یکی کرده فرزندان خود را نابود کند؟ دعای من اینست‌که شما انجیل را و تمام کتاب مقدس را بخوانید و ببینید که خدای دلسوز نه آلوده کنندهٔ شیطان است و نه آن فرصت طلبی است‌که نقشه نابودی مردم را میکشد. با نسبت دادن چنین

کارهای غیر اخلاقی و دلشکن به خدا، قرآن نمیتواند کلام خدای حقیقی باشد.

قرآن میگوید که خدا جنها را خلق کرد تا پیامبرش را فریب دهند

سورهٔ انعام (۶) در آیهٔ ۱۱۲ به محمد میگوید که: *ما برای هر پیغمبری دشمنی از انسان و جن قرار دادیم تا با سخنان ظاهر آراسته فریب دهند. پس آنها را به حال خودشان وابگذار زیرا که اگر خواست خدای تو نبود آنها این کار را نمیکردند.*

خدای حقیقی با جنها دوستی کرده آنها را دچار جان پیغمبر محبوبش نمیکند، بلکه او را از دیوها مصون و محفوظ نگهمیدارد. نظر به اینکه قرآن همکاری با دیوها را به خدا نسبت میدهد، پس نمیتواند از خدای حقیقی باشد.

قرآن میگوید که خدا جنها را برای پیشرفت اسلام استفاده کرد

از یک طرف قرآن در سورهٔ اعراف (۷) آیهٔ ۲۷ میگوید که، خدا جنها و دیوها را دوست بی ایمانان گردانید، و از طرف دیگر در سورهٔ انعام دیدیم که جنها را وادار

کرد که پیامبرش را آذار بدهند. حالا هم در سورهٔ جن (۷۲) آیه های ۱ و ۲ میگوید که، جنها از دوستی با بتپرستها روی گردانده، مسلمان شده یاران محمد شدند. پس میبینیم که خدای اسلام دیوها و جنها را آلوده خلق کرد تا آنها را پیروان شیطان، و دوستان بتپرستها و غیر مسلمانها قرار بدهد تا محمد را آذار دهند. اما بعدها دیوها بی ایمانان را ترک کرده، مسلمان شده و باعث گسترش اسلام شدند.

قرآن خدا را طوری معرفی میکند که تو گویی خدا گیج شده نمیداند که چه کارها بکند. آیا خدای حقیقی باور میکند که دیوها به دینش ایمان قلبی بیاورند؟ آیا خدای حقیقی پیروان شیطانرا برای گسترش دین خود استفاده میکند؟ با این تعلیمات عجیب، قرآن نمیتواند از خدای حقیقی باشد.

قرآن خلقت گناه را هم به خدا نسبت میدهد

سورهٔ شمس (۹۱) در آیه های ۷ و ۸ میگوید که خدا الهام کنندهٔ فسخ و فجور است. سورهٔ بلد (۹۰) در آیهٔ ۳ میگوید که خدا انسان را مشکل تراش و ستیزه جو خلق کرد. سورههای نساء (۳) آیهٔ ۸۸؛ اعراف (۷) آیهٔ ۱۷۸ و ابراهیم (۱۳) آیهٔ ۳ میگویند که خدا خودش آنسانها را

به گمراهی هدایت میکند. قران خدا را آنچنان معرفی میکند که گویی اگر گناه خلق نکند و یا اینکه مردم را گمراه نکند آرامی نخواهد داشت. انگار که دل و فکر خدا مثل دل و فکر یک انسان بدنبال گناه است. خدا مثل یک انسان نیست. او از گناه و کارهای گمراه کنند نفرت دارد. سخنان قرآن نشان میدهند که این کتاب نه اینکه از خدا نیست بلکه نمیتواند کسی را هم بسوی خدای حقیقی هدایت کند.

قرآن مخالف مساوات و برابری انسانهاست

چهارمین ارزیابی برای آنستکه ببینیم آیا خدای قرآن به مساوات و برابری انسانها اعتقاد دارد یا نه؟

قرآن تبعیض‌گری را به خدا نسبت میدهد. قرآن در سورهٔ (۲) بقره آیهٔ ۶۵ و سورهٔ (۵) مائده آیهٔ ۶۰ و سورهٔ (۸) انفال آیهٔ ۵۵ و سورهٔ (۷) اعراف آیه های ۱۷۵ و ۱۷۷ و سورهٔ (۹) توبه آیهٔ ۲۸ میگوید که غیر مسلمانها حیوان و ناپاک هستند، ولی در سورهٔ (۳) آل عمران آیهٔ ۱۱۰ میگوید که فقط مسلمانها آدم، خوب و پاک هستند.

این ادعای قرآن هم از نظر الهیاتی و روحانی نمیتواند درست باشد و هم اینکه از نظر اجتماعی و اخلاقی. از نظر الهیاتی و روحانی بخاطر اینکه خود قرآن میگوید

که مسلمانها هم گناهکار هستند. پس اگر، هم مسلمانها گناهکارند و هم غیر مسلمانها، آنگاه چه دلیل روحانی ای باقی میماند که بوسیلۀ آن یک مسلمان را از یک غیر مسلمان پاکتر دانست؟ هیچ دلیلی. از نظر اجتماعی و اخلاقی هم این ادعا غلط و غیر خدایی است. شما چگونه میتوانید یک مسلمان را در کنار یک زردشتی یا مسیحی یا یهودی یا بودایی که خدا او را خلق کرده است بگذارید و بگویید که این مسلمان فقط آدم است و بقیه حیوان هستند؟ خدایی که خودش آنها را خلق کرده است میداند که همۀ آنها انسان هستند چگونه قرآن اینرا نمیداند؟ قرآن انعکاس دل خداوند حقیقی نیست و به همین جهت هم نمیتواند از خدا باشد.

قرآن مخالف آزادی انتخاب است

پنجمین ارزیابی برای آنستکه ببینیم آیا خدای قرآن به آزادی انتخاب احترام میگذارد یا نه؟

برای قرآن فقط مسلمانها حق زندگی دارند

قرآن خدا را به عنوان کسی معرفی میکند که تشنۀ خون مخالفان خود و غیر مسلمانهاست. بیشتر از شصت در صد قرآن، نزدیک به هشتاد در صد سخنان محمد در زندگی نامه اش و حدود سی در صد حدیثها در مورد

تبعیض به مخالفان و غیر مسلمانها، تنفر و حمله به آنها و کشتن آنهاست. وقتیکه هشتاد در صد گفتار های پیامبر و بانی و همه کارۀ اسلام حمله به مخالفان و غیر مسلمانها باشد، آنگاه چه توقعی از پیروان او دارید که به مخالفان و غیر مسلمانها بکنند؟ غیر مسلمانها چه نوع زندگی ای در یک حکومت اسلامی خواهند داشت؟ قرآن و کتابهای اسلامی به ما نشان میدهند که آنها زندگی راحت و آزادی ندارند «سورۀ (۸) انفال آیۀ ۳۹؛ سورۀ (۳۸) فتح آیۀ ۲۹؛ سورۀ (۱۷) بنی اسرائیل آیۀ ۱۶». ولی حقیقت مطلب اینستکه شمشیر و زور باعث تعهد قلبی و اطاعت صمیمی نمیتوانند باشند. آیا میتوان چنین رفتارها را به خدای حقیقی و منطقی نسبت داد؟ نه. قرآن در مورد خدا قضاوت درست نمیکند.

قرآن تحمیل کردن دین را هم به خدا نسبت میدهد

ز سورۀ (۴) نساء آیۀ ۸۹ و از سورۀ (۱۶) نحل آیۀ ۱۰۶ میفهمیم که مسلمانها اجازه ندارند از آزادی خدادادی خود استفاده کرده اسلام را ترک کنند و باور مورد دلخواه خودشان را دنبال کنند. از سورۀ (۲) بقره آیۀ ۲۱۷ هم میفهمیم که یک مسلمان حق دارد تا غیر مسلمانها را به دین خودش دعوت کند و حتی آنها را مجبور به ترک دینشان بکند. ولی اگر غیر مسلمانی

بخواهد در مورد دین خود به مسلمانی بشارت بدهد کار او از قتل هم بدتر است. پس قرآن به مسلمانها آزادی مطلق داده استکه اسلام را تبلیغ و حتی تحمیل هم بکنند ولی برای تبلیغ غیر مسلمانها حکم اعدام صادر کرده است. این آزادی یک طرفه فرصت طلبی و تبعیضگری و ظلم است و نمیتواند از خدایی که دلش برای آزادی میتپد باشد. با یک چنین باوری قرآن نمیتواند از جانب خدای حقیقی باشد.

قرآن برنامهٔ مناسبی برای خانواده ندارد

ششمین ارزیابی برای آنستکه ببینیم آیا خدای قرآن برنامهٔ خوبی برای خانواده دارد یا نه؟

قرآن بچه های یک خانه را تشویق میکند که به والدین و نزدیکان خود بیحرمتی کرده خشن بشوند. سورهٔ توبه (۹) در آیهٔ ۲۳ به فرزندان نابالغ یک خانواده میگوید که: *ای اهل ایمان، شما پدران و برادران خود را نباید بعنوان ولی خود قبول کنید و دوست بدارید اگر آنها کفر را بر ایمان بگزینند. و هر کس از شما آنان را دوست بدارد بی شک ستمکار است.*

قرآن نه اینکه فرزندان یک خانه را به عصیانگری نسبت به والدینشان دعوت میکند حتی آنها را تشویق میکند که

خویشان غیر مسلمان خود را نیز بکشند. سورهٔ (۹) توبه آیهٔ ۱۲۳ میگوید که: *ای اهل ایمان، با کافران از هر که به شما نزدیکتر است جهاد کرده او را بکشید و باید کفار در شما درشتی و نیرومندی حس کنند.*

دوستان عزیز، بیمهری به پدر و مادر و کشتن خویشان و دیگران به خاطر باورشان پیش خدای حقیقی باطل است، و این گفتار های قرآن نمیتوانند از خدا حقیقی باشند.

قرآن میگوید که آنرا عوض کرده اند

هفتمین ارزیابی برای آنستکه ببینیم آیا قرآن دستکاری شده است یا نه؟

قرآن میگوید که مسلمانها آنرا عوض کردند

سورهٔ بقره (۲) در آیهٔ ۱۰۶ میگوید که: *هر چه از آیات قرآن را نسخ کنیم یا حکم آنرا متروک سازیم بهتر از آن یا مانند آن بیاوریم آیا مردم نمیدانند که خدا بر همه چیز تواناست.* سورهٔ نحل (۱۶) در آیهٔ ۱۰۱ میگوید که: *ما هر گاه آیتی را از راه مصلحت نسخ کرده به جای آن آیتی دیگر آوریم در صورتیکه خدا میداند چه چیز نازل*

کند *(کافران) میگویند تو محمد بر خدا همیشه افترا میبندی. چنین نیست بلکه اکثر آنها نمیفهمند.*

از این آیه ها و آیه های شبیه اینها میفهمیم همچنانکه توان سیاسی محمد افزونی میگرفت بعضی از آیه های قبلی قرآن را که دیگر باب میل او نبودند از قرآن حذف میکرد و بجای آن جمله های مورد دلخواه خود را میگذاشت. برای توجیه این کارِ خود به مردم میگفت که آن آیه ها پیش خدا دیگر اعتباری نداشتند و خدا تصمیم گرفت که آنها را باطل کند و بجای آنها آیه های بهتری را نازل کند.

عجب! آیا براستی سخنی که خدا در ازل گفته است میتواند بعدها بی اعتبار و باطل باشد؟ آیا خدا سخنان باطل هم میگوید؟ آیا خدا در ازل آگاه نبود و نمیدانست که بعضی از آیه هایش در آینده باطل خواهند بود تا اینکه آنها را در ازل تصحیح کند و نگذارد که قرآن ناخالصی بدست محمد بیفتد؟ آیا بهتر نبود که قرآن را بدون اشکال به دست محمد میداد تا محمد هم نیازی به تغییر آنها نمیدید، دیگران هم اعتراض نمیکردند و یک عده هم به خاطر این اعتراض کشته نمیشدند؟ آیا خدای واقعی و نیکو اینچنین مردم را سردرگم کرده و به جان همدیگر میاندازد؟

پس میبینید که خود قرآن یک سری از آیه های خدای خودش را بی اعتبار و باطل اعلام میکند. اگر این کتاب از خدا بود هیچگاه کلام خدا را باطل اعلام نمیکرد.

حدیثها هم میگویند که قرآن دستکاری شده است و دیگر کامل نیست

در زمان حیات محمد و بعد از مرگ او هشت نسخهٔ گرد آوری شدهٔ قرآن بودند که در پاره ای از جاها با هم فرق داشتند. محمد مطمئن نبود که کدامیک درستتر بود ولی حدس میزد آن قرآنی که در دست دامادش علی بود درستترین باشد (حدیث مسلم، کتاب ۳۱، شمارهٔ ۶۰۲۴. و حدیث بخاری، جلد ۵، کتاب ۵۸، شمارهٔ ۱۵۰). بعد از مرگ محمد، تفرقهٔ موجود میان جانشینان محمد باعث گردید که آنها نه اینکه نتوانند قران مورد نظر محمد را به رسمیت بشمارند، بلکه حاکم وقت، خلیفه عثمان، قرآن کنونی را به رسمیت شناخت که بسیاری از آیه هایش گم هستند.

سلیم ابن قیس (۹۰ هجری قمری) در کتاب *اسرار آل محمد*، (مترجم ب. الف. قم، ۱۴۰۰ هجری قمری) مینویسد که، خیلی از آیه های قرآن کنونی گم شدند. قسمتی از آیه هایش بوسیلهٔ یک گوسفند (یا بز) خورده

شـــد؛ و همچنین آیه هایی از ســـوره های نور (۲۴)، احزاب (۳۳) و حُجرَات (۴۹) گم شدند.

اگر خود قرآن و کتابهای کهن اســلامی یکصــدا میگویند که قرآن بوسـیلهٔ انسـانها دسـتکاری شـده، جعل گردیده و بسیاری از آیه هایش گم شده اند، آنگاه چگونه میشود به کامل بودن این کتاب دل بســت و آنرا از خدا دانســت؟ کتاب مقدس در هیچ جایی نمیگوید که عوضش کرده اند.

قرآن در ســـورهٔ حِجر (۱۵) آیـهٔ ۹۱ میگوید کـه قران دســتکاری و جعل شــده اسـت. ولی کتاب مقدس در هیچ جای خود نمیگوید که دســتکاری و جعل شــده باشــد. رهبران و آخوندهای اسلامی هیچ موقع از این دستکاریها و گم شـــدن انبوع آیه ها در قرآن ســخن نمیگویند، ولی بدروغ به خورد مســلمانها میدهند که کتاب یهودیها و مســیحیها دســتکاری شــده اند. آیه های خود قرآن به ما میگویند که قرآنیکه در دست مسلمانهاست جعلی است. آیا میشود کتاب جعلی را از آن خدا دانست؟ هرگز.

قرآن در ســـورهٔ انعام (۶) آیه هـای ۳۳ و ۱۱۵؛ یونس (۱۰) آیهٔ ۶۳ میگوید کـه: کســـی نمیتواند کلام خدا را عوض بکند. و در ســـورهٔ حجر (۱۵) آیهٔ ۹ میگوید که: زیرا خدا مواظب آن خواهد بود. حـالا کـه قرآن عوض

شده است معلوم میشود که کلام خدا نیست، زیرا بنا بر منطق خود قرآن اگر کلام خدا بود کسی نمیتوانست آنرا عوض بکند.

انجیل عیسی مسیح و تمام کتاب مقدس از این نقصهایی که قرآن دارد محفوظ هستند. علاوه بر آن، خدای کتاب مقدس پیروانش را گرفتار گناه و جن و شیطان نمیکند بلکه آنها را از دستشان نجات میدهد.

زمان نظر و اندیشه ۹

۱. دینها و باورهای فراوانی در دنیا هستند. پیروان هر یک ادعا میکنند که دین آنها فقط دین درستی است. آیا ما میتوانیم ارزیابی کرده ببینیم که آیا یک دینی از خدای حقیقی است یا نه؟

۲. بعضی از مسلمانها میگویند که قرآن از خداست، زیرا که بیش از یک میلیون مسلمان باور دارند که قرآن از خداست. شما چه فکر میکنید؟ آیا درستی و نادرستی کتابی به تعداد پیروان آن کتاب بستگی دارد یا اینکه به کیفیت آن؟

۳. آیا دلایلی وجود دارند که بوسیلۀ آنها بتوانیم خدایی نبودن قرآن را ثابت کنیم؟

۴. آیا احساس مسئولیت میکنیم که کلام حقیقی خدا را پیدا کرده بوسیلهٔ آن زندگی کنیم؟

۵. اگر باور دارید که خداوند میتواند شما را برای کشف حقیقت راهنمایی کند، و یا اینکه به کمک شما دیگران را برای کشف حقیقت هدایت کند، پس دعا کرده از او بخواهید که شما را در این خصوص هدایت کند.

آیا اسلام واقعا آخرین و کاملتری دین جهان است؟

رهبران و ملاهای اسلامی به مسلمانان گفته اند که اسلام آخرین و کاملترین دین جهان است. آیا این حقیقت دارد؟ آیا آنها دلیل منطقی، دکترینی، فلسفی، روحانی و یا اجتماعی برای اثبات ادعای خود دارند؟ منظور از کلمهٔ کامل در اسلام چه هست؟ آیا به این معنی است که اسلام سؤالهای زندگی را بهتر از باورهای دیگر جواب داده است؟ آیا به این معنی استکه اسلام نو آوریها و خبرهای خوشی دارد که دینهای قبل از آن نداشتند؟ چه چیزهای تازهٔ کاملی اسلام آورده است که دینهای قبل از آن نداشتند تا به آنوسیله اسلام ادعای کاملیت بکند؟ آیا تا کنون به عنوان مسلمان در مورد این سوال فکر نموده جوابی برایش پیدا کرده اید؟ چنانکه میدانید، هر یک از ما مسئولیم که دلیلی برای ادعای خود داشته باشیم تا هم خودمان با اطمینان زندگی کنیم و هم اینکه در رابطه امان با اعضای خانواده امان و دیگران موضع مشخص و روشنی داشته باشیم.

قبل از اینکه دلایلم را برای شما بیان کنم، اجازه بدهید که در مقدمه بطور خلاصه به شما بگویم که اسلام نه اینکه چیز نو و کاملی نیاورده است، بلکه چیزهای خوب

قدیمی را که هم از ابراهیم، موسی و عیسی بجا مانده بودند زیر پا گذاشت. ادعای اسلام برای کاملیت چیزی بجز تبلیغات نیست. حالا با هم بریم و ببینیم که دلایل من چه ها هستند.

اسلام چیزهای غیر منطقی را به خدا نسبت میدهد

اولین دلیلی که اسلام نمیتواند دین کامل باشد اینستکه چیزهای غیر منطقی را به خدا نسبت میدهد. اسلام خدا را چگونه معرفی میکند؟

سورهٔ حشر (۵۹) در آیه های ۲۳ و ۲۳ میگوید که خدا مقدس، صلحجو، متعال و با حکمت است. اما در سورهٔ آل عمران (۳) آیهٔ ۵۳ و سورهٔ انفال (۸) آیهٔ ۳۰ میگویند که خدا حیله گرتر از همه است. سورهٔ یونس (۱۰) در آیهٔ ۲۱ میگوید که در حیله گری خدا سریعتر از هر کس دیگری عمل میکند. سورهٔ بقره (۲) در آیهٔ ۲۲۵ و سورهٔ آل عمران (۳) در آیهٔ ۲۸ و سورهٔ نحل (۱۶) در آیهٔ ۱۰۶ میگویند که خدا به مسلمانها اجازه داده استکه تحت شرایطی دروغ بگویند.

آیا میبینید که تا چه اندازه این آیه ها به ضد همدیگر هستند؟ از یک طرف قرآن میگوید که خدا مقدس، صلحجو، متعال و با حکمت است ولی از طرف دیگر

میگوید که او حیله گرتر از همه است. خدا چگونه میتواند هم طبیعت مقدس، صلحجو، متعال و با حکمت داشته باشد ولی در عین حال حیله گر هم باشد؟ آیا میشود خدای حیله گر را متعال و با حکمت خواند؟ خدا مقدس خوانده شده است بخاطر اینکه از حیله گری تنفر دارد و هرگز حیله نمیکند. یک خدای کامل هرگز حیله و دروغ را جایز نمیکند. یک دین کامل هم هرگز خدا را حیله گر و دروغگو صدا نمیکند.

* معنی اینکه قرآن حیله و دروغ را به خدا نسبت میدهد اینستکه که خدا کامل نیست. چونکه حیله گر را نمیشود کامل خواند. اگر خدای اسلام کامل نباشد پس با چه منطقی اسلام میتواند کامل خوانده بشود؟ اگر مردی حیله گر و دروغگو باشد آیا شما او را کامل میخوانید؟ آیا دین او را دین کامل میخوانید؟ نه. این حکمت در مورد اسلام هم صدق میکند. مادامیکه اسلام خدا را حیله گر و دروغگو معرفی میکند نمیتوان آنرا دین کاملی خواند.

اسلام جوابی بهتر از دینهای دیگر برای مسائل زندگی ندارد

دومین دلیلی که اسلام نمیتواند دین کامل باشد اینستکه جوابی بهتر از دینهای دیگر برای مسائل زندگی ندارد.

اســـلام در مورد زنـدگیِ روی زمین، روز داوری و همچنین آخرت نظر بهتری از دینهای قبل از خود کـه برای نجات به اعمال نیک انســـان تکیه میکردند ندارد. اگر اینچنین اســت پس چه مناســبتی دارد که اســلام از دینهای دیگر کاملتر خوانده شـود؟ مانند همهٔ آن ادیان قبل از اســـلام، اســـلام هم میگوید که این زندگی یک محل مبارزه و امتحان بین عمل خوب و بد اســـت، و نجات انسانها بستگی به میزان اعمال خوب آنها دارد.

تعلیم اســـلام در مورد روز داوری و دنیای آخر هم کم و بیش مانند ادیان دیگر بود. در واقع دینهای دیگر در این مورد بهتر از اســـلام بودند. زیرا آنها بر خلاف اســـلام تعلیم نمیدادند که تحمیل دین و یا جهاد در راه خدا آنها را به بهشت هدایت میکرد.

در مورد مقایسه با مسیحیت که اسلام اصلا قادر نیست کاملیت خودش را ثابت کند. انجیل میگوید که عیســـی مســیح بیگناه، زنده و در آسمان است. به همین دلیل او میتواند راه زندگی ابدی به آســمان بشــود. ولی هیچگاه قرآن در مورد محمد اینچنین صـــحبت نمیکند. در واقع قرآن تایید میکند که عیســـی مســـیح بیگناه، زنده و در آســمان اســـت، ولی به مردم تعلیم نمیدهد که بخاطر این کیفیتِ عجیب عیســی مسیح از او پیروی کنند. برعکس،

از مردم خواست که از محمد که گناهکار بود، مُرد و در آسمان نیست پیروی کنند.

مثل روزِ روشن مشخص است که مسیحیت با یک رهبر بیگناه که برای ابد زنده و در آسمان است بهتر از اسلام استکه رهبرش گناهکار بود، در بی اطمینانی از این دنیا رفت و در آسمان هم نیست. پس میبینیم که اسلام وضع بهتری از دینهای دیگر ندارد و عاقلانه هم نیست که آنرا دین کامل خواند.

اسلام دینهای یکتاپرست را به نابودی کشانید

سومین دلیلی که اسلام نیمتواند دین کاملی باشد اینستکه تمام دینهای یکتاپرست را در شبه جزیرهٔ عربستان و سرزمینهای مجاور نابود کرد. تا زمان تشکیل اسلام ادیان یکتاپرست در سراسر شبه جزیره عربستان پخش بودند. به این دینها دینهای ابراهیمی میگفتند. در سورهٔ مومنون (۲۳) از آیه های ۸۳ تا ۹۰ و در سورهٔ لقمان (۳۱) از آیه های ۲۳ و ۲۵ در میابیم که خیلی از عربها یکتاپرست بودند. اسلام بجای اینکه از این دینهای ابراهیمی حمایت بکند آنها را نابود کرده پیروانشان را مجبور به مسلمان شدن کرد.

دین حنیف یکی از آن نمونه هاست. حنیف نام یک گروه مشهور مذهبی در شبه جزیرهٔ عربستات بود که از خدای ابراهیم پیروی میکردند و مخالف بتپرستی بودند. حنیفها عرب و از قبیلهٔ قریش یعنی همان قبیلهٔ محمد بودند. خودِ داستان زندگی محمد که به وسیلهٔ ابن اسحاق نوشته شده است میگوید که حنیفیها یکتاپرست و پیرو دین ابراهیم بودند. بعد از اینکه محمد اسلام را بنا کرد، او نیز اسلام را دین ابراهیمی خواند (سوره های (۳) آل عمران آیهٔ ۹۵؛ (۳) نساء آیهٔ ۱۲۵ و (۶) انعام آیهٔ ۱۶۱ را بخوانید)، و با وجود این باز هم پشت به باورهای ابراهیمی دیگر کرد.

اسلام بتپرستی را برای مدت کوتاهی جایز کرد

حنیفیها بیشتر از محمد یکتاپرست بودند. آنها در ایمانِ خود بتپرستی را کاملا مردود میدانستند، و شدیداً باور داشتند که خدا یگانه است. ولی محمد آیه ای از خدای خود در سورهٔ نجم (۵۳) بعد از آیهٔ ۱۹ برای مسلمانان قرائت کرد و گفت سه بت لات (یعنی الههٔ حاصلخیزی)، عزّا (یعنی الههٔ قدرت) و منات (یعنی الههٔ سرنوشت) خدایان حقیقی هستند که الله را در کارهایش کمک میکنند و پرستش هر سهٔ آنها شرعی است. به محض قراءت

این آیه محمد و پیروان مسلمانش این سه بت را پرستش کردند.

میبینید که قرآن از محمد و پیروان مسلمانش خواست که این سه بت را در کنار خدا پرستش کنند. مسلمانها در مکه تحت رهبری محمد این سه بت را تا زمان مهاجرتشان به مدینه پرستش کردند. در مدینه بود که محمد اعلام کرد آن آیهٔ بتپرستی در قرآن از شیطان بود. نه حنیفها، نه مسیحیها، نه یهودیها، نه زرتشتیها و نه سابعیها به بتپرستی اعتقاد داشتند و نه بتی را پرستیدند. آنها بتپرستی را کاملا رد کردند. مقام روحانی همهٔ آنها در مورد یگانگی خدا و یگانه پرستی بالاتر از مقام روحانی محمد بود. نه اینکه محمد از وفاداری آنها نسبت به یگانه پرستی خدا قدردانی نکرد بلکه آنها را مجبور هم کرد که از اسلام تبعیت کنند. چگونه میشود که اسلام را با بتپرستیش و با دشمنی اش نسبت به ادیان یگانه پرست کامل خواند؟ نمیشود.

به هر حال، این آیهٔ بتپرستی بعدها از قرآن حذف شد. بعد از مرگ محمد این آیه بوسیلهٔ جانشینان محمد از قرآن حذف شد. آنها اعتقاد داشتند که آیه از شیطان بود و میبایست از قرآن حذف میشد. عالمان قدیمی اسلامی این آیه را در کتابهای خود نگهداشته اند و ما هنوز هم به آن

دسترسی داریم. آیه در مورد این سه بت اینچنین میگوید: این الهه ها متعال هستند و براستی باید به میانجیگری آنها اعتقاد داشت.

برای چه محمد بتپرستی را جایز نمود؟

دلیلی اصلی محمد بخاطر فشارهای سیاسی بود. او همسر وفادار و مشوق خود خدیجه را و همچنین عموی خود ابوطالب را که بعنوان سپری در مقابل تحدید کنندگانش بودند از دست داد. این تنهایی او و پیروانش را در مکه نسبت به فشار رهبران کعبه خیلی آسیب پذیر کرد. به همین خاطر سیاست خودش را مقداری عوض کرده خواست که از فشار آنها در امان باشد. پس پرستش این سه بت مهم قریشی را جایز کرد. این باعث شد که تا مدتی در مکه در امان باشد، تا اینکه بعدها به مدینه فرار کرد.

مهم نیستکه چه چیزی باعث شد که محمد به بتپرستی تن بدهد، ولی در عالم روحانیت این عمل «شرک» یا شریک آوردن برای خداست. ابراهیم، موسی و مسیح و کتابهایشان بت پرستی را حتی برای زمان کوتاه هم جایز نکردند. ولی محمد و قرآن آنرا جایز شمردند، هر چند برای مدت کوتاهی. پس، میبینید که اسلام محمد کاملتر

از دینهای دیگر نبود. این ادعای کاملیت فقط یک تبلیغ سیاسی ای بیش نبود، هر چند اگر اینگونه تبلیغ سیاسی بر خلاف آرزوی دل خداوند است.

اسلام دین خشونت است

چهارمین دلیلی که اسلام نمیتواند یک دین کاملی باشد بخاطر اینستکه اسلام با مردم رفتار خشونت آمیز دارد. من در گفتارهای قبلی خود به شما گفته ام که اسلام به شوهران مجوز شرعی داده استکه زنان خود را بزنند. شما یک چنین حکمی را در باور ابراهیم، موسی و عیسی نمیتوانید ببینید. آیا زدن زن دین را کامل میکند یا اینکه او را دوست داشتن و مثل یک انسان با او رفتار کردن؟ اسلام نمیتواند یک دین کامل باشد.

همچنین، اسلام حکم میکند که هر کسی بی چون و چرا گفتارهای محمد را بپذیرد. چنین اطاعت کورکورانه نیز از ایمان ابراهیم، موسی و عیسی بدور است.

اسلام به بچه ها نیز تعلیم میدهد که اگر ولیشان متعهد به اسلام نباشد از او پیروی نکنند. چنین تعلیم و رفتاری که بر خلاف آرزوی خداوند است نمیتوانند کامل خوانده بشوند. زیرا که خداوند انسانها را آزاد خلق کرده است که اگر بخواهند از دینی پیروی کنند و یا اینکه آنرا رد

کنند. دوم اینکه، خدای حقیقی از فرزندان میخواهد که به پدر و مادرشان احترام بگذارند، نه اینکه به آنها بی احترامی کنند.

اسلام همچنین به مسلمانها حکم کرده استکه تمام دینها و باورها را در دنیا نابود کنند و پیروان آنها را مجبور کنند که از اسلام پیروی کنند.

بنابرین، شما میبینید که اسلام نه اینکه از دینهای قبلی اش بهتر نیست بلکه ناقصتر هم است. اسلام خودش را از رفتارهای کامل محروم کرده است. در رابطه های ما انسانها وجدانهایمان همیشه محبت، خوشی، صلح، بخشش، صبر، مهربانی، خوبی، نرمی، کنترل نفس را چیزهای کامل میدانند. چرا؟ برای اینکه اینگونه رفتارها هستند که انسانها را تشویق میکنند که بدنبال بهترین روش زندگی بگردند تا همیشه بتوانند با هم خوش و خرم زندگی کنند. ولی اسلام اینگونه رفتارهای خوب را محدود کرده است.

رفتار اسلام با مخالفان و غیر مسلمانها شکنجه و نابودی است. اسلام به شوهران بیش از همسرانشان حق میدهد و به آنها تعلیم میدهد که زنانشان را بزنند. اسلام عشق واقعی بین یک شوهر و یک همسر را با چند زنی تهدید

میکند. واضح استکه اسلام دشمن غیر مسلمانهاست، ولی با آن دسته از مسلمانهایی هم که سرسخت نیستند و به تمام اصول اسلام پایبند نیستند دشمنی میکند. با این رفتارهای تند و خشونت آمیز اسلام نمیتواند دین کاملی باشد.

اسلام اطمینان نجات ندارد

پنجمین دلیلی که اسلام نمیتواند دین کاملی باشد بخاطر اینستکه در آن اطمینان نجات نیست. ضمن اینکه اطمینان نجات مهمترین قسمت پیام خدای حقیقی است اسلام چنین اطمینانی ندارد. بهمین خاطر هیچ مسلمانی قادر نیستکه در مورد زندگی بعد از مرگ خودش با اطمینان صحبت بکند. خدای اسلام حتی محبوبترین شخص خودش، محمد، را در بی اطمینانی گذاشت و ایشان با ترسِ از آیندهٔ خودشان از این دنیا رفتند.

خدای اسلام قادر نیست وفادارانش را روی زمین نجات بدهد و شادی آنها را کامل کند. کسی بی اطمینانی و ترس ناشی از آن را کامل نیمخواند. خدای یک دین کامل کارش را روی زمین هم با کمال انجام میدهد تا پیروانش نجات پیدا کنند و با اطمینان و شادی کامل از این دنیا بروند.

آیا نا امید کننده نیست که خدای اسلام به آنهایی که از شیطان پیروی میکنند صد در صد اطمینان رفتن به جهنم میدهد ولی به هیچیک از پیروان مسلمان خودش اطمینان صد در صد برای رفتن به بهشت نمیدهد؟ در صورتیکه، تمام پیروان حقیقی کتاب مقدس از نجات خود اطمینان دارند، حالا میخواهند پیغمبر باشند و یا اینکه افراد معمولی. اسلام با این بی اطمینانی چگونه میتواند از دینهای دیگر کاملتر باشد؟ امکان ندارد.

کلمهٔ «کامل» یک کلمهٔ زیبا و تشویق کننده است. ولی بسیاری آن را نابجا استفاده میکنند. اسلام یکی از آن دینهایی است که این کلمه را بدون منطق به خود نسبت میدهد. انسانها و باورهای زیادی در دنیا هستند که ادعای کاملیت میکنند. این وظیفهٔ انسانی همهٔ ماهاست که ادعاهای آنها را با منطق آزمایش کنیم و ببینیم که آیا آنها در ادعای خود صادق هستند یا نه؟ با این آزمایش ما قادر خواهیم بود که خود و خانوادهٔ خودمان را از ادعاهای خالی نجات بدهیم. بیصداقتی خوب نیست حالا میخواهد از باور خود ما، یا از خانواده امان یا اجدادمان باشد و یا اینکه از دیگران. باید چشم و گوشمان را باز کنیم و خود را از خطر آنها نجات بدهیم.

همچنانکه آگاه هستید، ۱۳۰۰ سال استکه رهبران وفادار هر دو گروه سنی و شیعه اسلام را دین کامل خوانده اند. ولی اعمال آنها نیز ثابت کرده استکه ادعاهایشان نمیتواند درست باشد. رهبران یک گروه پیروان آن یکی گروه را کافر میخوانند، یعنی اینکه بر اساس قرآن باید کشته شوند. و این باعث شده استکه در عرض ۱۳۰۰ سال گذشته میلیونها نفر را از همدیگر قتل عام کنند. واقعا اگر اسلام دین کاملی است چرا این رهبران قادر نبوده اند که حکمهای کاملی را از آن برای بنای رابطه های دوستانه بین خود استخراج کنند تا با آن وسیله ها بتوانند به همدیگر و به آزادی انتخاب همدیگر احترام بگذارند و با همدیگر در صلح نیز زندگی کنند؟

این مشکل مشکل آنها نیست. مشکل در ریشهٔ اسلام است. این اسلام استکه حکم کرده تا آنهایی که به گونهٔ دیگری فکر میکنند قتل و غارت بشوند. اگر قرآن مثل انجیل عیسی مسیح مهر و محبت را چارهٔ مخالفان و دشمنان میدانست، آنگاه هیچ مسلمانی آرزوی مرگ دیگران را نمیکرد. ولی افسوس که قرآن مثل انجیل نیست.

هیچ دلیل منطقی وجود ندارد که با آن بتوانیم اسلام را دین آخر و کامل بخوانیم.

زمان نظر و اندیشه ۱۰

۱. بسیاری در دنیا ادعا میکنند که فقط دین آنها کامل و چارهٔ انسانهاست. ما میدانیم که در میان همهٔ آن ادعاها فقط یک ادعا میتواند درست باشد. چگونه میتوانیم آن ادعای درست را کشف کنیم؟

۲. آیا دلایلی دارید که اسلام نمیتواند آخرین و کاملترین دین باشد؟ چند نمونه از آنها را بیان کنید.

۳. چرا همه، چه مسلمان و چه غیر مسلمان، برای پیروی از باور خود نیاز به دلایل منطقی دارند؟

۴. به نظر شما چه احساسی به خدا دست میدهد اگر کسی به غلط دینی را به او نسبت بدهد؟

۵. اگر برایتان آشکار است که راه عیسی مسیح تنها راه درست است، آیا زمانش نرسیده است که به او اعتماد کنید؟

کدامیک، آیا عیسی مسیح یا محمد میتواند یک رهبر خوبی برای شما باشد؟

آیا یک رهبر گناهکارمیتواند استاندارد خوبی برای شما باشد یا اینکه یک رهبر بیگناه؟ همانند این سوال سوالهای زیادی در ۲۰ سال گذشته از مردم پرسیده ام. آیا یک رهبر بیگناه میتواند راهنمای روحانی خوبی برای شما باشد یا اینکه یک رهبر گناهکار؟ آیا یک ماشین خوب میتواند ترا بهتر خدمت کند یا اینکه یک ماشین عیبدار؟ آیا با یک همسر مهربان و با محبت میتوانی زندگی خوب داشته باشی یا اینکه با یک همسر خشن و بیمحبت؟

جواب مردم همیشه این بوده استکه زندگی با هر رهبر و همسر و ماشین و هر چیز خوب بهتر خواهد بود. چرا؟ برای اینکه خداوند ما را طوری خلق کرده استکه تا در عمق دل خود آرزوی چیزها بهتر را بکنیم. ما هرگز آرزو نمیکنیم که یک خانوادهٔ بد، یا همسر و رهبر و ماشین و خانه بد داشته باشیم. شما هیچگاه به بازار برای خرید چیزهای بد نمیروید. بلکه به بازار میروید که پولتان را روی چیزهای خوب خرج کنید. موفقیت در چیزهای خوب و بهتر است. تمام شرکتهای موفق دنیا بخاطر استانداردهای خوب خود به موفقیت رسیده اند. آنها پولهای هنگفتی خرج میکنند تا کالاهای خوب و

قابل اعتمادی تولید کرده نظر مشتریها را بخود جلب کنند و آنها را از دست ندهند.

در مسائل روحانی هم همینگونه است. نظر به اینکه خداوند خدای خوب و کاملی است، همیشه آرزوی چیزهای خوب و کامل را میکند، و از ما هم انتظار دارد که از نمونۀ خوب و کامل او پیروی کنیم. خداوند میخواهد که ما از یک رهبر کامل و آسمانی پیروی کنیم. هیچگاه خداوند یک رهبر گناهکار را بر بیگناه ترجیح نمیدهد. خداوند میخواهد که یک رهبر بیگناه را الگوی خود قرار بدهیم. حتی قرآن شما در سورۀ زُمّر (۳۹) آیه های ۱۷ و ۱۸ میگوید که: .... بشارت بده به آنهایی که میشنوند و بهترین را انتخاب میکنند. این آیه ها به شما میگویند که لااقل قرآن را بخوانید و ببینید چه کسی میتواند برای شما الگوی بهتری باشد و بعد از آن شخص پیروی کنید.

بیایید به قرآن نگاه کنیم. اگر عیسی مسیح بیگناه و از نظر روحانی بالاتر از محمد است، پس بجای محمد نیاز دارید که از نمونۀ عیسی مسیح پیروی کنید.

قرآن به عیسی میگوید "مسیح" یعنی کسی که "مسح شده" است

سورهٔ آل عمران (۳) در آیهٔ ۳۵ و سورهٔ نساء (۳) در آیهٔ ۱۷۱ میگویند که عیسی «مسیح» است. کلمهٔ «مسیح» چه معنی دارد؟ کلمهٔ مسیح یعنی کسی که مسح شده است؛ کسی که خدا او را با روح خود برای خدمت خود مسح کرده باشد. کسی را که خداوند خودش مسح کند، آنکس مقدس و بیگناه است. قرآن در هیچ جایی نمیگوید که خدا خود را به محمد ظاهر کرد و او را برای خدمت خود شخصا مسح نمود.

میبینید که مقام روحانی مسیح بالاتر از مقام روحانی محمد است. شما از کدامیک نیاز دارید که پیروی کنید؟ آیا از آنی که نزد خدا بود و شخصا به وسیلهٔ خدا مسح شد یا آنی که خدا را ندید و به وسیلهٔ او مسح هم نشد؟

قرآن میگوید که عیسی مسیح کلمهٔ خداست

دوباره سورهٔ آل عمران (۳) در آیهٔ ۳۵ و سورهٔ نساء (۳) در آیهٔ ۱۷۱ میگویند که عیسی مسیح کلمهٔ خداوند است. در فلسفهٔ دینی فقط خداست که «کلمه» خوانده میشود. کلمه نام فلسفی خداوند است. شما اگر از فلسفه شناسان اسلامی بپرسید که «خدا چه است؟» آنها به شما

خواهند گفت که خدا کلمه است. پس میبینید که قرآن عیسی مسیح را همانگونه تعریف میکند که خدا در فلسفه تعریف شده است. بعبارت دیگر، وقتی که قرآن میگوید مسیح کلمۀ خداست، یعنی اینکه مسیح طبیعت خدایی دارد.

بگذارید به شما بگویم که چگونه خدا بعنوان «کلمه» در میان انسانها کار میکند. وقتیکه نوبت به عمل میرسد کلمه یعنی خدا خود را از دو راه بیان میکند. یکی از طریق نوشتار و دیکری از طریق مکاشفۀ شخصی. از طریق نوشتن یعنی اینکه کلمه یا خدا خودش را از طریق آیات آسمانی اش بیان میکند. ولی از طریق مکاشفه یعنی اینکه کلمه یا خدا خودش را مستقیما و شخصا آشکار میکند. از طریق کلام نوشته اش خداوند شخصیت و نقشه اش را برای ما آشکار میکند تا بتواند ما را برای رویارویی شخصی با خودش آماده کند. ولی از طریق مکاشفۀ شخصی خودش خداوند جلال خودش را به ما آشکار میکند تا ما جلال او را شخصا دیده مجذوبش گردیم و او را با کلامش وارد دلمان بکنیم. بعبارت دیگر، اگر خدا خود را ظاهر نکند و در دل ما ننشیند، کلامش برای ما عملی نخواهد بود.

اجازه بدهید که برایتان مثالی بزنم تا درکش را ساده کنم. زمانیکه پدر دنیوی شما با شما تماس مستقیم و صمیمی داشته باشد آنگاه گفتارهایش بیشتر به زندگی شما ربط خواهد داشت تا اینکه خودشان را از شما دور نگهدارند و با شما تماس نزدیک نداشته باشند. در رابطۀ شما با خداوند هم همینگونه است. اگر خدا با شما رابطۀ نزدیک و صمیمی نداشته باشد، دوری خدا کلامش را هم از شما دور نگه خواهد داشت.

نظر به اینکه قرآن میگوید خدا شخصا عیسی مسیح را مسح کرد و او را با نام شخصی خودش هم معرفی کرد، پس عیسی مسیح قادر استکه کلام نوشته و مقدس خداوند را به دل شما بردارد و شما را نجات بدهد. این بالاترین عنوان آسمانی است که قرآن به عیسی مسیح نسبت میدهد ولی به محمد نسبت نیمدهد. پس محمد نمیتواند عملا کلام خدا را به زندگی شما ربط بدهد.

محمد کلمۀ خدا نیست و قادر نیست رابطۀ صمیمی بین شما و خدا ایجاد کند. بخاطر این بود که محمد از آیندۀ خودش اطمینان نداشت و نتوانست به پیروان خودش هم اطمینانی بدهد. همچنین، بر خلاف عیسی مسیح، محمد با خدا رابطۀ شخصی نداشت و به همین خاطر نتوانست خدا را مثل عیسی مسیح برای مردم بیان کند. بنابرین،

میبینیم که تعلیمات قرآن عیسی مسیح را با نام خدا شناسانده مقام روحانيِ بمراتب بالاتری از محمد به او میدهد. شما نیاز دارید که به جای محمد از عیسی مسیح پیروی کنید.

قرآن میگوید که عیسی مسیح روح خداست

سورهٔ نساء (۳) در آیهٔ ۱۷۱ و سورهٔ مریم (۱۹) در آیهٔ ۱۷ و سورهٔ انبیاء (۲۱) در آیهٔ ۹۱ میگویند که عیسی مسیح روح خداست. بعضی از مترجمین قرآن بغلط میگویند که این روح روح خود خدا نیست بلکه یک روح یا یک فرشتهٔ خدا است که به مریم نازل شد و به عنوان عیسی مسیح بدنیا آمد. ولی این نوع باور مخالف گفتار خود قرآن است. قرآن عربی در همه جا میگوید که خدا روح خود را به مریم فرستاد نه یک روح یا فرشته را. تفاوت بزرگی بین کلمات روح خدا و فرشته وجود دارد. اگر خدا فرشته اش را بفرستد بصراحت میگوید که فرشته را فرستاد. دیگر لزومی ندارد که مبهم سخن بگوید. پس آنانی که این کلمات را فرشته ترجمه کرده اند قرآنشان را عوض کرده اند.

فرض کنیم که فرشتهٔ خدا بود که به مریم آمد و بصورت عیسی مسیح بدنیا آمد. در اینصورت هم مقام روحانی

عیسی مسیح بالاتر از مقام روحانی محمد است. زیرا که فرشته همیشه با خداست، تا به ابد زنده است و از هر چیز عالم غیب اطلاع دارد. ولی محمد در سورهٔ اعراف (۷) در آیهٔ ۱۸۸ میگوید که او از عالم غیب اطلاعی نداشت. پس مسیح از عالم غیب اطلاع دارد ولی محمد ندارد. و همچنین همه میدانیم که محمد مرد و در آسمان نیست.

پس میبینیم که، چه عبارت «روح خدا» را فرشته ترجمه کنند و چه خود عبارت را همانطوریکه در عربی هست ترجمه کنند در هر دو صورت آشکار است که مقام روحانی مسیح بالاتر از مقام روحانی محمد است. پس بهتر است که شما از آنی پیروی کنید که مقام روحانی بالاتری از محمد دارد.

قرآن میگوید که عیسی مسیح خالق و شفا دهنده است

سورهٔ آل عمران (۳) در آیهٔ ۳۹ و سورهٔ مائده (۵) در آیهٔ ۱۱۰ میگویند که عیسی مسیح پرنده ای را خلق کرد، مرده ها را زنده کرد و بیماران را شفا داد.

بر اساس قرآن، عیسی مسیح در آسمان و هنوز زنده است. مادامیکه عیسی مسیح زنده است او هنوز قدرت دارد که مرده را زنده کند و بیماران را شفا بدهد. ولی بر

اســـاس قرآن محمد چنین توانی را ندارد. همه نیاز دارند که کسی آنها را شفا بدهد و یا اینکه به آنها زندگی ببخشد. آیا خوب نمیشـد که مسـیح رهبر روحانی شـما بود و به شما شفا و حیات میداد؟ برای شما بسیار خوب است که از عیسی مسیح پیروی کنید.

قرآن میگوید که عیسی مسیح مقدس و بیگناه است

سـورهٔ مریم (۱۹) در آیهٔ ۱۹ میگوید که عیسـی مسـیح بیگناه و مقدس است. بجز عیسـی مسیح هیچکس دیگری در قرآن بیگناه و مقدس خوانده نشده است. تمام پیامبران و محمد همه در قرآن گناهکار خوانده شده اند. بعضی از مسلمانها اعتقاد دارند که محمد بیگناه است. چنین باوری مخالف گفتار قرآن است.

ببینید که قرآن در مورد محمد چه میگوید: سـورهٔ محمد (۳۷) در آیـهٔ ۱۹ بـه محمد میگویـد کـه: برای گنـاهـان خودت و برای گناهان مردان و زنان مومن طلب بخشش بکن. سـورهٔ فتح (۳۸) در آیهٔ ۲ به محمد میگوید: خدا ممکنسـت که گناهان گذشـته و آیندهٔ ترا ببخشـد. سـورهٔ مومن (یا غافر) (۳۰) در آیهٔ ۵۵ به محمد میگوید که: برای گنـاهـان خود از خدا آمرزش بخواه. در سـورهٔ آعراف (۷) در آیهٔ ۱۸۸ محمد میگوید که: اگر علم غیب

داشـــت آنگاه بر خیر خود میافزود و شـــرارت و رنج نصیبش نمیشد.

محمد اگر بیگناه بود چنین صـحبت نمیکرد و نمیگفت که بخاطر بی اطلاعی شـــریر در زندگی اش دخالت کرده باعث ضـرر روحانی اش گردید. همهٔ این آیه ها میگویند که محمد گناهکار اســت. همچنین ســورهٔ لقمان (۳۱) در آیهٔ ۳۳ و سورهٔ احقاف (۳۶) در آیهٔ ۹ بصراحت میگویند که محمد از آیندهٔ خود بیخبر بود و نمیدانســت که بعد از مرگ چه بر سرش خواهد آمد. این نشان میدهد که محمد هنوز مطمئن نبود که گناهانش بخشیده شده بودند، وگرنه در مورد آینده اش با چنین نگرانی سخن نمیگفت.

میبینید که قرآن محمد را گناهکار میخوانَد ولی عیســـی مسیح را نیکو، مقدس و بیگناه میخوانَد. یک گناهکار که نمیتواند شما را به نیکی و قدوسیت هدایت کند. به همین خاطر اســتکه شـــما نیاز دارید بجای محمد گناهگار از عیسی مسیح بیگناه پیروی کنید.

قرآن میگوید که عیسی مسیح زنده و در آسمان است

ســورهٔ آل عمران (۳) در آیهٔ ۵۵ و ســورهٔ نســاء (۳) در آیهٔ ۱۵۸ میگویند که عیسی مسیح به آسمان صعود کرد.

ولی محمد مرد و بر اساس سورهٔ مریم (۱۹) آیه های ۶۶ تا ۷۲ او منتظر داوری در روز قیامت است.

آیا فرق معامله را می‌بینید؟ قرآن خودش میگوید که مسیح زنده و در آسمان است و از داوری گذشته، ولی محمد مرد، نه اینکه در آسمان نیست بلکه منتظر هم است تا داوری بشود. بخاطر اینستکه میگویم همه نیاز داریم که از عیسی مسیح پیروی کنیم. او که در آسمان است میتواند ما را به آسمان ببرد.

می‌بینید که حتی قرآن عیسی مسیح را بالاتر از محمد معرفی میکند. اگر انجیل عیسی مسیح را بخوانید بیش از اینها شگفت‌زده خواهید شد. از عیسی مسیح پیروی کنید.

زمان نظر و اندیشه ۱۱

۱. بعضی از مسلمانها میگویند با وجود اینکه عیسی مسیح در قرآن بیگناه و روحانیتر از محمد بیان شده است، ولی خدا تصمیم گرفت که رسالت خودش را بر روی زمین به وسیلهٔ محمد تمام کند. نظر شما چیست؟ آیا خدا برای کامل کردن رسالت خودش به یک شخص کاملتر اعتماد میکند یا اینکه با یک شخص ناکامل؟

۲. فرض کنیم که خدا کار نهایی خودش را بجای یک بیگناه به یک گناهکار می سپارد. آیا این عمل خدا درس

بدی برای مردم نمیشود و مردم فکر نمیکنند که خدا گاهی اوقات گناه را بر بیگناهی برتر میداند؟ اگر خدا همیشه از الگوی درستی استفاده نکند، آیا مردم در انتخاب رهبر سر در گم نخواهند شد؟

۳. از نظر منطقی آیا بهتر نیستکه که ما بجای یک رهبر گناهکار یک رهبر بیگناه و روحانی را نمونۀ خودمان قرار بدهیم؟

۴. انجیل عیسی مسیح بزبانهای گوناگون مسلمانان در جهان موجود است. آیا فکر نمیکنید که هر مسلمانی فردا نیاز به خواندن این کتاب داشته باشد تا فردا زیباییها و شگفتیهای شخصیت عیسی مسیح را ببیند؟

۵. برای مسلمانان دعا کنید تا شجاعت خرج داده کتاب انجیل را بخوانند.

رهبریت در اسلام هرج و مرج است

میدانید که بدون مراجعه به وجدانمان گفتگو در مورد هر موضـــوع زندگی میتواند ما را به تعصـــب بیجا، گوش نکردن و یا عصبانیت هدایت کند. به همین جهت دوست دارم قبل از اینکه به موضـوع بحث امروزمان بپردازیم، چند ســـوال بیدار کننده بین خودمان مطرح کنم و جواب آنها را با همدیگر پیدا کنیم تا با فکر و دل باز به پیش برویم.

چه نوع رهبری را شما در خانه و یا در جامعه دوست دارید؟

آیا رهبری که فروتن اســـت و خود را به عنوان خادم خانواده یا مردم میبیند، بین خانم و آقا، خودی و غریبه تبعیض قائل نیســت و انتقاد پذیر هم اســت؟ و یا رهبری که دیکتاتور و تبعیضـــگر اســت، تحمل انتقاد را ندارد، انتقاد کنندگان خود را خوار و ذلیل میکند و حتی باعث نابودی آنها هم میشود؟

تجربهٔ شـخصـی خود من، مطالعهٔ سـالهای زیاد من از فرهنگها و همچنین جهانگردی من همه به من میگویند که رهبر خوب باید فروتن و انتقاد پذیر باشـــد و از هر

گونه تبعیض هم دوری کند. مطمئنم که وجدان شما هم گفتار مرا تصدیق میکند.

آیا رهبری را دوست دارید که باور به برابری حقوق خودی و دیگران، از هر باور و ملیت و نژادی که میخواهند باشند، دارد یا رهبریکه به دیگران فشار میاورد که همه پیرو او و باور او بشوند وگرنه باید از زندگی برابر محروم و یا اینکه کشته بشوند؟ باز هم وجدان ما به ما میگوید آن رهبری خوب است که از هر وسیلهٔ تبعیض دوری میکند.

یک رهبر اسلامی بین زن و شوهر، بین دختر و پسر، و بین غریبه و خودی نه اینکه تبعیض قائل میشود بلکه شرعا حق هم دارد که باعث خواری و بیچارگی آنها بشود اگر آنها بدون چون و چرا از او پیروی نکنند. اجازه بدهید که حکمهای شرعی اسلام را که اجازهٔ تبعیض به یک رهبر میدهند برای شما آشکار کنم.

جواز شرعی برای تبعیضهای خانوادگی

سوره های بقره (۲) آیهٔ ۲۲۸ و نساء (۳) آیهٔ ۳۳ میگویند که مردان بر زنان افزونی و برتری دارند (عَلَیْهِنَّ دَرَجَةٌ). سورهٔ نساء در آیه های ۱۱ و ۱۷۶ میگوید که خواهری نسبت به برادر خود نصف ارث را

میبرد. سورهٔ بقره (۲) در آیهٔ ۲۸۲ میگوید که شهادت دو زن برابر با شهادت یک مرد است. سورهٔ احزاب (۳۳) در آیهٔ ۳۳ میگوید که زنان باید ساکت در خانه بمانند و بیرون نروند. سورهٔ نجم (۵۳) در آیهٔ ۲ میگوید که محمد صاحب زنانش است. سوره های نساء (۳) در آیهٔ ۳۳ و ایوب (صـاد) (۳۸) در آیهٔ ۳۳ میگویند که مردان میتوانند زنانشان را بزنند.

کسانیکه وفادار به قرآن هستند بدون شک این تبعیضهای خانوادگی را در رفتار و رهبری خود بکار میبرند. بدون شک انسانهای فراوانی هستند که در کشورهای اسلامی زنانشان را نمیزنند. این بخاطر آنستکه گفتار قرآن را نادیده میگیرند و یا اینکه تحت تاثیر فرهنگهای قدیمی خود و یا فرهنگهای دیگران قرار گرفته اند و به همسرانشان احترام میگذارند.

یک مسلمان پرهیزکار حتی حق دارد که خانواده اش را نابود بکند

سورهٔ توبه (۹) در آیهٔ ۱۲۳ میگوید که؛ ای اهل ایمان با کافران از هر که به شما نزدیکترند شروع به جهاد کنید و باید کفار در شما درشتی و نیرومندی و پایداری حس کنند. و بدانید که خدا همیشه با پرهیزکاران است. یعنی

اینکه یک مسلمان پرهیزکار حق دارد که با اعضای نزدیک و دور خانواده اش، با دوستها و همسایه هایش که به اسلام نمیگروند جهاد کند و اگر هم لازم باشد آنها را بکشد. پس یک رهبر اسلامی حق دارد که افراد خانوادۀ خودش را، دوستان و همسایه ایش را فدای باور خودش بکند.

ما آیه های قرآن را دیدیم که به رهبران حق شرعی میدهند که در خانواده تبعیض قائل بشوند. حالا اجازه بدهید که به جوازهای شرعی یک رهبر برای تبعیض در جامعه نگاه کنیم.

جواز شرعی برای تبعیض در جامعه

"سورۀ احزاب" (۳۳) در آیۀ ۳۶ میگوید که: بر هیچ مرد و زن مومن در کاری که خدا و رسول حکم کنند اختیاری نیست. پس از نظر قران رهبر کسی استکه در مقابل دیگران قدرت مطلق دارد و کسی حق ندارد که او را مورد سوال قرار بدهد. سورۀ مجادله (۵۸) در آیۀ ۲۰ میگوید: آنان که با خدا و رسول مخالفت میکنند آنها در میان مردم خوار و ذلیلترین مردمند.

در علم مدیریت مقایسه ای به این نوع مدیریت بی چون و چرا مدیریت یکطرفه و دیکتاتوری میگویند که در آن

رهبر از پیروان انتظار دارد که از او کورکورانه پیروی کنند.

نموداری که در پایین میبینید رهبری محمد را با رهبری عیسی مسیح مقایسه میکند. میبینید که در رهبری محمد مردم حق ندارند که دید خودشان را آزادانه به رهبر بیان بکنند، ولی در رهبری مسیح مردم صد دصد آزادند که به همدیگر و به رهبرشان نظرشان را آزادانه بگویند.

مقایسهٔ رهبریت مسیح و محمد

رهبری محمد

↓گویش یک جانبه↓

مردم   مردم

===============================

رهبری عیسی مسیح

↕گفتگوی همه جانبه↕

مردم   ↔   مردم

بگذارید از گویش یک طرفهٔ مدیریت در اسلام مثالی برایتان بزنم. حدیث شمارهٔ ۳۳۰ محمد بخاری در کتاب ۸۹ از جلد ۹ میگوید که محمد پیامبر اسلام گفت: نزدیک بود که دستور جمع آوری هیزم برای آتش بدهم و بعد دستور بدهم که کسی اذان بگوید، و بدنبالش کسی را برای امام جماعت انتخاب بکنم، ولی خودم بروم خانه های آندسته از مردانی را که در نماز حضور ندارند از پشت بسوزانم.

حسابش را برسید که محمد بعنوان بالاترین مقام رهبریت در اسلام ترجیح میداد که نماز جماعتِ واجب خودش را رها بکند و برود تا غافلگیرانه خانه های آنهایی را که حاضر به خواندن نماز در پشت سر او نبودند بسوزاند. هر رهبر اسلامی، که محمد را الگوی خودش قرار میدهد، میتواند یک چنین خشونتی را در حق دیگران بجا بیاورد، همچنانکه بعضی از شما مسلمانها اینگونه خشونتها را در سرزمینهایتان تجربه کرده اید.

رهبریت در اسلام بر مکالمهٔ یک طرفه استوار است. شما آزاد هستید که به یک رهبر بپیوندید ولی اجازه ندارید که او را انتقاد بکنید، یا او را ترک بکنید و یا اینکه مخالف نظرش نظریه بدهید. اسلام به یک رهبر

حکم شرعی داده هست تا افرادی را که دوست دارند از آزادی خدادادی خود استفاده بکنند خوار و تنبیه بکند و یا اینکه آنها را بکشد. یک رهبر اسلامی دیکتاتور و مخالف آزادی است. و زندگی آنهایی که به رهبر اسلامی اعتراض بکنند به خطر میافتد.

سورهٔ انفال (۸) در آیه های ۶، ۱۲، ۱۳، ۲۲ و ۳۱ میگوید کسانی که به محمد اعتراض بکنند مثل کر و لال و بدترین جانوران هستند و باید سر انگشتان و گردن آنها زده بشود. در قرآن ۱۳۶ بار به جهنم اشاره شده است. از این ۱۳۶ بار فقط ۹ بار برای خطاهای غیر اخلاقی است. بقیهٔ ۱۳۷ بار برای آنانی استکه از اسلام انتقاد میکنند و از محمد پیروی نمیکنند. به عبارت دیگر, جهنم اسلام مثل یک زندان سیاسی برای مخالفان اسلام است. به خاطر همینستکه یک رهبر اسلامی میتواند زندگی مخالفان خودش را به جهنم تبدیل کند

جواز شرعی برای تبعیض به غیر مسلمانها

زیر حکومت یک رهبر مسلمان زندگی غیر مسلمانها که دیگر بد و بدتر میشود. سورهٔ آل عمران (۳) در آیهٔ ۱۱۰ میگوید که مسلمانان بهتر از غیر مسلمانان هستند. سوره های اعراف (۷) آیه های ۱۷۵ و ۱۷۷ و انفال

(۸) آیهٔ ۵۵ میگویند آنهایی که به اسلام نمیپیوندند سگ و بدترین حیوانات هستند. سوره های بقره (۲) آیهٔ ۶۵، مائده (۵) آیهٔ ۶۰ و جمعه (۶۲) آیهٔ ۵ میگویند که یهودیها و مسیحیها خر و خوک و میمون هستند. سورهٔ نساء (۳) آیهٔ ۸۹ به مسلمانان میگوید که: کافران را...دوست نگیرید. به آنها فشار بیاورید که اموالشان را ترک کرده فرار بکنند. اگر برگشتند از آنها نباید کسی را بعنوان یاور (ولی) و یا دوست اختیار بکنید بلکه آنها را بکشید. سورهٔ فتح (۳۸) در آیهٔ ۲۹ میگوید که: محمد رسول الله و یاران و همراهانش بر کافران بسیار سخت دل و با یکدیگر مشفق و مهربان باشند.

پس میبینید که بر اساس قرآن غیر مسلمانهای یک جامعه هم نباید از دست یک رهبر اسلامی آرامی داشته باشند.

جواز شرعی برای تحمیل اسلام به دیگران

حالا ببینیم که یک رهبر اسلامی چه نوع بلایی را میتواند بسر ملتهای دنیا بیاورد. سورهٔ آل عمران (۳) در آیهٔ ۸۵ میگوید که: هر کس دینی غیر از اسلام اختیار کند هرگز از او پذیرفته نیست. سوره های توبه (۹) آیهٔ ۳۳ و فتح (۳۸) آیهٔ ۲۸ میگویند که محمد باید دین خود را بر همهٔ ادیان عالم برتری و تسلط بدهد هر چند

مشرکان ناراضی باشند. سورهٔ احزاب (۳۳) در آیهٔ ۲۷ میگوید که مسلمانها وارث سرزمین و دیار و اموال کافران هستند، حتی سرزمینهایی را که هیچگاه ندیده اند.

پس میبینید که یک رهبر اسلامی مجوز شرعی دارد که برای دنیا هم مشکلساز بشود. یک رهبر وفادار اسلامی نه اینکه حق شرعی دارد که آزادی خانواده و جامعهٔ خودش را و همچنین آزادی دیگر ملتها را در جهان نادیده بگیرد، بلکه باور خودش را به آنها تحمیل هم کند. در مقایسه با شیوه های گوناگون رهبریت در جهان، رهبریت اسلامی عقب افتاده ترین و وظیفه نشناسترین نوع رهبری در جهان است.

چرا رهبریت در اسلام عقب افتاده و وظیفه نشناس است؟ برای اینکه وظیفه شناسی زمانی معنی دارد که شما به حق انتخاب انسانها احترام بگذارید. ولی، همچنانکه در آیه های قرآن دیدیم، کسی در مقابل تصمیمات محمد حق آزادی ندارد.

در اسلام ویژگی نیستکه یک نفر را رهبر میکند بلکه زور

بنا بر حدیث شمارهٔ ۲۵۲۷ در کتاب ۱۳ داوود، محمد گفت: جهاد در راه خدا برای مسلمانان واجب است فرقی

نمیکند که یک رهبر فاسد آن جنگ را هدایت بکند یا اینکه یک رهبر نیکوکار؛ نماز جماعت بر هر مسلمانی واجب است حتی اگر رهبر نماز یا امام جمعه گناه بزرگی انجام داده باشد ....

میبینید که اسلام انسانها را خلع سلاح میکند که حتی نتوانند از رهبران فاسد هم دوری بکنند. مدیریت اسلام مدیریتی نیستکه بر کیفیت و ویژگیهای آزادی و انسانی بنا شده باشد، بلکه مدیریتی استکه تشنهٔ قدرت است و مردم را وادار به پیروی کورکورانه میکند. پس حرس به قدرت و زور استکه یک مسلمان را برای رهبری سیاسی اسلام آماده میکند نه کیفیت.

حرس به قدرت باعث شده استکه یک رهبر اسلامی توان انسانها را برای تصمیمگیری و ادارهٔ زندگی خودشان نادیده بگیرد. در صورتیکه ما میدانیم که حرس به قدرت دید یک رهبر را ضعیف میکند و نمیگذارد درک بکند که انسانها فقط با دلیل و منطق هستکه میتوانند زندگی خودشان را بهبود بدهند. یک رهبر برای بهبود زندگی خودش هم به نظر و تجربهٔ دیگران نیاز دارد. حرس دیکتاتوری دید یک رهبر را ناتوان میکند و نمیگذارد درک بکند که او به طور یکسان به همهٔ مردم جامعهٔ خودش جوابگو است. زیرا که خرج زندگی اش بوسیلهٔ

همه مردم تامین میشود و خودش را رهبر همهٔ مردم میداند.

شکی نیستکه قدرت طلبی هر رهبری آرزوی یک رابطهٔ صمیمی را در جامعهٔ او در نطفه خفه کرده باعث ترس و بی اعتمادی مردمش نسبت به همدیگر میشود. ترس هم به نوبهٔ خودش مانع خلاقیت و پیشرفت مردم خواهد شد، زیرا که مردم بخاطر ترس قادر نخواهند بود که به کسی اعتماد بکنند و فکرهای خود را با او در میان بگذارند. بخاطر اینستکه در هیچیک از کشورهای اسلامی که بوسیلهٔ مسلمانان دو آتشه رهبری میشوند خلاقیت و پیشرفت نیست. زمانی هم که در به روی خلاقیت بسته میشود رفاه و آسایش ناپدید میشوند.

انتظار یک رهبر اسلامی فقط «تسلیم» است

معنی کلمهٔ «اسلام» در عربی «تسلیم و یا واگذاری» است. مهم نیستکه شما اسلام را دوست داشته باشید یا اینکه دوست نداشته باشید، شما فقط یک راه دارید و آنهم اینستکه از هر نظر، چه روحانی، چه اجتماعی و چه سیاسی تسلیم بشوید. اگر نشوید آنگاه کافر بحساب میایید و حکم شرع هم در مورد کافران آنستکه یا از حقوق

مساوی محروم بشوید، و یا اینکه اگر لازم باشد شکنجه بشوید و بمیرید.

رهبریت در عیسی مسیح بر محبت، مهربانی و هماهنگی استوار است

رهبریت در عیسی مسیح از هر نظر با رهبریت در اسلام فرق میکند. رهبریت در عیسی مسیح برای ارزش گذاشتن به حضور همه، چه خودی و چه دیگران، است. در چشم خدایی که عیسی مسیح در انجیل آشکار میکند خودی و غریبه یکسان هستند (متی باب ۵ آیه های ۳۳-۳۸؛ غلاطیان باب ۳ آیهٔ ۲۸؛ خروج باب ۲۳ آیهٔ ۹ و باب ۲۲ آیهٔ ۲۱). مهر و محبت برترین چیزها در رهبریت عیسی مسیح هستند (اول یوحنا باب ۳ آیهٔ ۱۹).

رهبری در عیسی مسیح برای تسلط و دیکتاتوری نیست، بلکه دری است برای زندگی خوب و موفق تا هر کس تشویق شده آزادانه جلو بیاید و با دیگران در مهر و محبت و هماهنگی برای دستیابی به امکانات بیشتر کار بکند. رهبری در عیسی مسیح برای استوار نمودن مردم، چه خودی و چه غریبه، در اطمینان است که تا همه برای همدیگر کارساز و مفید باشند. این رهبری یک رهبری مشارکتی است و هر کسی میتواند در آن سهمی

داشته باشد و نظر خود را، چه موافق و چه مخالف، بدهد. زیرا که مخالفت به قصد دشمنی نیست بلکه برای پیدا کردن بهترین کلیدهای موفقیت است. به همین دلیل هستکه رهبریت در عیسی مسیح از خدا گرفته تا پیامبر و رهبران ممعولی یک رهبرت باز هست تا همه بتوانند نظرهای خودشان را بیان بکنند و بهترین روش را پیدا بکنند (دوم تیموتائوس باب ۲ آیه های ۲۳-۲۵؛ تثنیه باب ۱۸ آیهٔ ۲۲؛ اشعیاء نبی باب ۱ آیهٔ ۱۸).

رهبریت در عیسی مسیح برای خدمت به مردم است

عیسی مسیح میگوید که: هر که میخواهد در میان شما بزرگ باشد باید خادم همه گردد و هر که بخواهد بالاتر از همه شود باید خادم همه باشد (متی باب ۲۰ آیه های ۲۶ و ۲۷). باز هم عیسی مسیح به شاگردانش میگوید که: من که معلم و رهبر شما هستم پاهای شما را شستم. شما نیز پاهای همدیگر را بشویید (یوحنا باب ۱۳ آیهٔ۱۳).

رهبریت در عیسی مسیح برای صلح با همهٔ مردم است

کتاب مقدس مسیحیان میگوید که: هیچ تفاوتی میان یهودی و غیر یهودی، برده و آزاد، مرد و زن وجود ندارد (غلاطیان باب ۳ آیهٔ ۲۸ و کولسیان باب ۳ آیهٔ

۱۱). غریبی را اذیت مرسانید و بر او ظلم مکنید زیرا که شما هم در زمین مصر غریب بودید (خروج باب ۲۲ آیهٔ ۲۱ و باب ۲۳ آیهٔ ۹). خادم خدا نباید نزاع کند، بلکه باید نسبت به همه مهربان و معلمی توانا و در سختیها صبور باشد و مخالفان خود را با ملایمت اصلاح کند، شاید خدا اجازه دهد که آنها توبه کنند و حقیقت را بشناسند (دوم تیموتاوس باب ۲ آیه های ۲۴-۲۵). در پی صلح و سلامتی با همه بکوشید (عبرانیان باب ۱۲ آیهٔ ۱۴). هر کسی که مهر و محبت نداشته باشد خدا را نمیشناسد، زیرا که خدا محبت است (اول یوحنا باب آیهٔ ۸).

پس میبینید که اختلاف بزرگی در میان رهبریت اسلام و عیسی مسیح است. شما در دل خود آرزوی پیروی از کدام رهبری را دارید؟ آیا رهبر اسلامی را که ترجیحش تسلیم کورکورانه است و اگر هم تسلیم نشوید همه چیز را از دست میدهید؟ یا اینکه رهبری عیسی مسیح را که در آن رهبر خادم مردم است و مردم آزادند که هم نظر مخالف و هم نظر موافق خود را بدون مشکل ابراز کنند؟

عیسی مسیح در هر چیزی و در رهبریت هم بی نظیرست. از رهبری او پیروی کنید.

زمان نظر و اندیشه ۱۲

۱. قدرت باورها در شکل دادن ارزشهای زندگی انسانها و رهبریت حاکم تا چه اندازه است؟

۲. هویتهای بهترین رهبر چه ها هستند؟

۳. آیا دوست دارید که یک رهبر (پدر یا مادر) خوب برای خانواده اتان باشید و یا اینکه یک رهبر خوب داشته اشید؟

۴. تا چه اندازه پیدا کردن یک باور خوب برای داشتن یک رهبر و یا هر الگوی خوب ضروری است؟

۵. ثمرات یک رهبر فروتن چه ها هستند؟

۶. آیا عیسی مسیح الگوی بهتری برای رهبریت است یا نه؟ چرا؟

۷. آیا پیروی از عیسی مسیح ضروری است اگر در او الگوی خوبی برای رهبریت میبینید؟

شریعت اسلام یا محبت عیسی مسیح: کدامیک بهترین مدل است؟

شـــکی نیســـت که هر باوری در دنیا روی زندگی، رابطه های اجتماعی و همچنین روی ســـــاختار قانون جامعهٔ پیروانش اثر میگذارد. اسـلام نیز با اصـول شـریعت خود که بر قرآن و زندگی محمد، و گفتارهای او و جانشینانش که در حدیثها استوار است روی زندگی، روابط و قوانین جوامع اسلامی اثر گذاشته است.

در خانوادهٔ اسلامی پدر یا شوهر مسئول برقراری اصول شریعت است و در شهر و کشور و دنیا هم وظیفهٔ شرعی دولت اسلامی است که اصول شریعت را بر مردم تحمیل کند. نمونه های اصول شریعت همانا حکمهایی هستند که در مورد غذا، چند زنی، سن ازدواج، بی اطاعتی، انتقاد، حد تنبیه، مشـروبات الکلی، زنا، غیر مسـلمانان، جهاد و غیره صحبت میکنند.

تکیهٔ کلام شریعت آنست که هر چیزی و کسی باید اسلامی بشود

انگیزهٔ شـــریعت شـــرطی اســـت. ولی تکیهٔ کلام راه و طریقت عیســی مسیح محبتِ بدون قید و شـرط اسـت. این

محبت بدون قید و شـــرط بر زندگی و روابط و قانون پیروان عیسی مسیح اثر میگذارد تا آنها را برای صلح با دیگران آماده کند.

انجیل عیســی مســیح در کتاب اول قرنتیان باب ۱۳ آیه های ۱ و ۲ میگوید که: اگر به زبانهای مردم و فرشتگان سـخن گویم ولی محبت نداشـته باشـم فقط یک طبل میان تهی و سنج پر سر و صدا هسـتم. اگر قادر به نبوت و درک کلیۀ اسرار الهی و تمام دانشها باشم و دارای ایمانی باشم که بتوانم کوه ها را از جایشان به جای دیگر منتقل کنم ولی محبت نداشته باشم هیچ هستم.

دوستان عزیز، عجیب اسـتکه انجیل چنین مهر و محبت بوسیلۀ رهبران اسلامی رد شده است. بهانه اشان اینستکه نام محمد در آن نیسـت. آنها نمیدانند که در نزد خدای حقیقی چنین محبتی بهتر از نام تمام پیامبران دنیا است.

میخواهم که به شـما نمونه هایی از شـریعت اسـلامی در مقایسه با انجیل عیسی مسیح بدهم. آنگاه شما شخصا قانع و خوشحال خواهید شد که چرا نام محمد نمیتوانست در انجیل باشد.

کدامیک افتخار خانوداه است؟ آیا شریعت اسلام یا اینکه انجیل عیسی مسیح؟

در نزد خداوند خانواده یک واحد بسیار مهمی است. برای همین بود که دنیا را با یک خانواده، یعنی آدم و حوا، شروع کرد. بیایید ببینیم که کدامیک، شریعت اسلام یا اینکه انجیل عیسی مسیح، باعث افتخار و شرف خانواده است.

در شریعت اسلام شوهر برتر از همسرانش است و میتواند آنها را کتک بزند. سورهٔ بقره (۲) در آیهٔ ۲۲۸ میگوید که مردان را بر زنان برتری و افزونی خواهد بود. بخاطر این برتری استکه سورهٔ نساء (۳) در آیهٔ ۳۳ و سورهٔ صاد (۳۸) در آیهٔ ۳۳ میگویند که مردان حق دارند که زنان خود را بزنند. حتی سورهٔ نساء (۳) در آیهٔ ۱۵ به مردان مسلمان میگوید که آنها میتوانند زنانشان را که اعمال ناشایست انجام داده اند در اتاقی زندانی کرده تا بمیرند. ولی آیهٔ ۱۶ همین سوره میگوید که اگر مردها همان اعمال ناشایست را انجام بدهند فقط تنبیه شده آزاد بشوند.

دلیل قرآن برای برتری مردان بر زنان

قرآن چه دلیلی دارد که شوهران را بر زنان برتر دانسته حتی به آنها اجازه میدهد که زنانشان را بزنند و اگر هم خواستند آنها را بکشند؟ دلایل قرآن از این قرارند:

از سورهٔ نساء (۳) در آیهٔ ۳۳ میفهمیم که خدا مردان را بر زنان تسلط و برتری داده است تا زنان را وادار به اطاعت از خود بکنند. ترجمه های گوناگون قرآن از سورهٔ احزاب (۳۳) در آیهٔ ۲۳ روشن میکنند که فقط مردان مسلمان هستند که میتوانند عهد خود را با خدا نگهدارند. به عبارت دیگر، زنان قادر نیستند که عهد خود را با خدا نگهدارند و همیشه نیاز دارند که زورمندی بالای سرشان باشد.

بر اساس قرآن در آیهٔ ۲۸۲ سورهٔ بقره (۲) و آیهٔ ۱۱ سورهٔ نساء (۳)، شما بعنوان یک پسر یا مرد از مادر و خواهر خود در شهادت دادن و یا ارث گرفتن دو بار بیشتر حق و ارزش دارید. معنی این آیه ها آنستکه اگر مادر و یا خواهر شما در مورد چیزی شهادت بدهند، شهادتشان قبول نخواهد شد مادامیکه خانم دیگری شهادتشان را تصدیق بکند. اما اگر پدرتان و یا برادرتان و یا یک مردی شهادتی بدهد شهادت آنها درست است و

191

شما دیگر لازم به شهادت دیگری ندارید. حسابش را برسید که در یک خانواده و یا جامعه فقط به مردان اعتماد کامل بشود نه به زنان!

دلیل محمد برای برتری مردان بر زنان

دلیل پیامبر اسلام هم از اینکه چرا مردان از زنان حق بیشتری دارند اینچنین است:

محمد بخاری، حدیث نویس مشهور اسلامیِ فارسی زبان، در حدیث شمارهٔ ۳۰۱ خود از کتاب شمارهٔ ۶ و بخش ۱ میگوید: محمد گفت که زنان حق کمتری از مردان دارند برای اینکه زنان از نظر عقلی کم دارند.

شما خوانندگان گرامی چه فکر میکنید؟ آیا فقط مردها هستند که عاقلند و میتوانند عهد خود را با خدا نگهدارند؟ آیا خواهران و مادران و دختران قادر به وفاداری در عهد خود با شما و خدا نیستند؟ صادقانه به من بگویید، آیا در اسلام مردان هستند که شریعت را زیاد میشکنند یا زنها؟ ایکاش که شریعت اسلام یک کمی مهر مادریِ خانمها را داشت و به مردم یاد نمیداد که به دختر و خواهر و مادران خود اعتماد نکنند.

عالمان مشهور اسلامی میگویند که زنان کج رفتارند

محمد بخاری در حدیث ۱۱۳ از بخش ۷ کتاب خود میگوید که: نظر به اینکه زن از دندهٔ کج مرد خلق شده است، پس کجی او هرگز از او دور نخواهد شد.

مسلم، حدیث نویس مشهور دیگر اسلامی، در حدیث شمارهٔ ۳۳۶۷ از کتاب ۸ خود به مردان میگوید که: زن از دندهٔ کجی خلق شده استکه به هیچ وجه درست شدنی نیست. بنابرین، اگر میخواهی از او استفاده بکنی، با وجود کجی اش از او استفاده کن. اگر هم بخواهی او را درست کنی، باید او را بشکنی یعنی اینکه طلاقش بدهی.

حدیث ۲۱۵۵ ابو داوود در کتاب ۱۱ میگوید که: محمد به مردان مسلمان گفت: هر مسلمانی که زنی را عقد میکند و یا اینکه برده ای را میخرد باید به خدا بگوید که: ای خدا کاری کن که از او به من خیر برسد؛ من از شخصیت او و از شرارتی که تو در او نهادی به تو پناه میاورم؛ مرا از شرارت او نجات بده ....

عالمان اسلامی آنقدر شیفتهٔ اینچنین روایتهای مردگرا هستند که اصلا فرصت ندارند به احتمال بیخدایی بودن اینچنین روایتها فکر بکنند. روایت آقای ابو داوود میگوید که خدا آن شرارت را در زن گذاشت. خوب اگر خدای

193

تو خرابکاری کرده و آن شرارت را خلق کرده است پس اولین کاری که تو باید بکنی اینستکه از آن خدای شرارتپرور دوری بکنی. ولی متاسفانه آنقدر بینایی این عالمان اسلامی کمست که یک کمی نمیتوانند به منطق فکر بکنند.

حدیث ۲۱۵۵ محمد بخاری هم در کتاب ۸۸ از جلد ۹ میگوید: محمد پیامبر اسلام شنید که دختر خسرو پادشاه ایران ملکهٔ ایران شد. آنگاه گفتکه: ملتی که خانمی را رهبر خود قرار بدهد به هیچ وجه موفق نخواهد شد.

زمانیکه نظر محمد و قرآن در مورد زنان اینچنین باشد، فکر میکنید که مفسرین قرآن در مورد زنها چه خواهند گفت؟ بگذارید که یکی دو نمونهٔ بیشتر بشما بدهم.

سورهٔ روم (۳۰) در آیهٔ ۲۱ میگوید که زن برای مرد خلق شده است. فخرالدین رازی، یک فیلسوف مشهور مذهب سنی، (۱۱۳۹ میلادی) در کتاب تفسیر کبیر خود در تفسیر این آیه میگوید که عبارتِ «برای مرد خلق شده است» دلیل بر اینستکه زن مثل یک حیوان برای مرد خلق شده است. سبزواری هم که یک فیلسوف مشهور مذهب شیعه است (۱۷۹۷ میلادی) در کتاب

صـــدرالمتعلقین خود میگوید: بدرســـتی که زنان طبیعت حیوانها را داشته، از جملهٔ حیوانها میباشند.

جای بسیار تاسف استکه این اشخاص فیلسوف خوانده شـــدند و احترام خاصـــی هم از دولتمردان زمان خود دریافت کردند.

انجیل عیسی مسیح و مفسرین مسیحی چنین گفتارهای دلشکننده ای در مورد زنان و دختران ندارد.

برای انجیل زن و مرد در نزد خدا یکسان هستند

در انجیل عیسی مسیح در کتاب غلاطیان باب ۳ آیهٔ ۲۸ میبینیم که زن و مرد برای خداوند ارزش یکسانی دارند. و در کتاب افســـیان باب ۵ آیه های ۲۵ و ۲۸ انجیل میگوید که مرد باید زن خود را مانند بدن خود دوســـت داشته باشد. در کتاب کولسیان باب ۳ آیهٔ ۱۹ میگوید که: ای شوهران، همسرانتان را دوست داشته باشید و به آنها تلخی نکنید. در کتاب اول پطرس باب ۳ آیهٔ ۷ هم میگوید که ای شوهران، زنانتان وارث فیض خدا با شما هستند. اگر شوهران همسرانشان را درک نکنند و به آنها احترام نگذارند دعاهایشان قبول نخواهد شد.

آن نوعِ برخورد شــریعت اســلام با زن بود و اینهم نوع برخورد مســـیحیت با زن. فکر میکنید که کدام یک باید دین کامل خوانده بشود؟

اکنون، بیایید با هم برخورد شوک انگیزتری از شریعت اسلام را نسبت به خانواده ببینیم.

شریعت اسلام از فرزندان نابالغ میخواهد که از اولیاء خود سرپیچی کنند

سورهٔ توبه (۹) در آیهٔ ۲۳ میگوید که: شما نباید ولیگری آندســـته از پدران و برادران خود را که بی ایمانی را به ایمان ترجیح میدهند قبول کنید. اگر ولیگری آنها را رد نکنید بیشک ستمکار هستید.

يٰٓاَ يُّهَا الَّذِيۡنَ اٰمَنُوۡا لَا تَتَّخِذُوۡۤا اٰبَآءَكُمۡ وَاِخۡوَانَكُمۡ اَوۡلِيَآءَ اِنِ اسۡتَحَبُّوا الۡـكُفۡرَ عَلَى الۡاِيۡمَانِ‌ؕ وَمَنۡ يَّتَوَلَّهُمۡ مِّنۡكُمۡ فَاُولٰٓـئِكَ هُمُ الظّٰلِمُوۡنَ

شـــما میدانید که فرزندان بالغِ یک خانواده به ولی نیاز ندارند، بلکه فقط فرزندان نابالغ هســـتند که به ولی نیاز دارند. در این آیه قرآن به فرزندان نابالغ یاد میدهد که از ولی خود به خاطر کم ایمانی اشـــان ســـرپیچی بکنند. آیا شما خوشحال میشوید که یک نفری فرزندانتان را نسبت

به شــما عصــیانگر بکند؟ این همان چیزی اســتکه قرآن میکند.

همچنانکه آگاه هستید، یک نوع مهر خاصــی بین پدر و مادر و فرزندانشان درمیان تمام موجودات زنده، همچنین انسانها، وجود دارد. حتی بیخداترین انسان فرزندانش را دوسـت دارد. این بخاطر اینسـتکه خدا انسـانها را با این مهر و وابسـتگی خلق کرده اسـت. خدای حقیقی هیچگاه فرزندی را بر علیه مهر والدینش به عصـیان تشـویق نمیکند. ولی شما میبینید که چگونه شریعت اسلام با یک محبت ذاتی که خداوند در خانواده گذاشته است دشمنی میکند. اگر شریعت اسلام نسبت به خانواده های اسلامیِ خودش اینچنین دشـمنی میکند، پس با غیر مسـلمانها چه خواهد کرد؟

شریعت اسلام غیر مسلمانها را آدم به حساب نمیاورد

ســورهٔ توبه (۹) در آیهٔ ۲۸ میگوید که غیر مســلمانها نجسند. بخاطر همینستکه غیر مسلمانهاییکه در عربستان سـعودی کار میکنند باید ۲۳ کیلومتر از مکه دور بمانند. و بخاطر اینســتکه بعضــی از مسـلمانها آن دسـته از ظرفهایشــان را که غیر مسـلمانها دسـت میزنند غسـل میدهند. این چیزیسـت که خود ما از بچگی یاد گرفتیم که

اگر به غیر مسلمانی دست میزدیم و یا اینکه با او دست میدادیم باید خودمان را غسل میدادیم.

سورهٔ انفال (۸) در آیهٔ ۵۵ میگوید که غیر مسلمانها از بدترین حیوانات هستند. سورهٔ بقره (۲) در آیهٔ ۶۵، سورهٔ مائده (۵) در آیهٔ ۶۰ و سورهٔ جمعه (۶۲) در آیهٔ ۵ میگویند که یهودیان و مسیحیان خوک و میمون و خرند. سورهٔ اعراف (۷) در آیه های ۱۷۵ تا ۱۷۷ میگوید آنهاییکه اسلام را رد میکنند سگ و شریرند. اما سورهٔ آل عمران (۳) در آیهٔ ۱۱۰ میگوید که مسلمانها بهترین امتی هستند که به انسانیت رسیده اند.

دیگران را حیوان خواندن خیانت بزرگی بخدا، به بشریت و حتی به ابراهیم که پدر عربها و یهودیهاست میباشد. محمد و یهودیها هر دو از نوادگان ابراهیم هستند. خدا، که ابراهیم را دوست داشت، چگونه میتواند به صورت ابراهیم بگوید که او از طریق اسحاق حیوان تولید کرد ولی از طریق اسماعیل انسان تولید کرد. محمد چگونه میتواند به پدر بزرگش ابراهیم بگوید که ای پدر بزرگ فقط فرزندان پسرت اسماعیل آدمند، ولی فرزندان پسرت اسحاق حیوانند. آیا این یک نوع بی احترامی به پدر بزرگ نیست که نوه هایش را دوست دارد؟

در حقیقت با حیوان خواندن یهودیها دل پدر بزرگ ابراهیم را میشکنید و دارید بطور مستقیم به او میگویید که او حیوان تولید کرده است.

شریعت اسلام غیر مسلمانها را حیوان خواند که تا کشتار آنها را شرعی بکند

سورهٔ انفال (۸) در آیهٔ ۳۹ میگوید که غیر مسلمانها را قتل عام بکنید تا هرگونه ایمان غیر اسلامی از بین برود و همه مسلمان بشوند.

انگیزهٔ آنهایی که در بعضی از کشورهای اسلامی به غیر مسلمانها فشار میاورند و گاهی اوقات هم آنها را میکشند از آیه های شبیه این آیه ها سرچشمه میگیرد. قرآن غیر مسلمانها را کافر میخواند و میگوید که باید از آنها نفرت داشت، آنها را مسخره کرد، سرشان کلاه گذاشت، بر علیه آنها نقشه کشید، آنها را به اسارت برد، شکنجه کرد و یا اینکه کشت اگر به اسلام روی نیاورند.

این نوع رفتارها و کارها در انجیل عیسی مسیح محکوم شده اند. خدای حقیقی، با محبت، دلسوز و مهربان هیچگاه از پیروانش نمیخواهد که دیگران را به خاطر باورشان بیمهری بکنند.

در انجیل عیسی مسیح حتی یک آیه نیستکه مسیحیان را تشـــویق به تنفر و یا قتل دیگران بکند. حتی یک آیهٔ آنچنانی نمیتوانید پیدا بکنید. چرا؟ اولا، بخاطر اینکه زنـدگی مخلوق خـدا برایش خیلی ارزش دارد. دوما، بخاطر اینکه ما آن انســانها را خلق نکرده ایم که تا حقی بر زندگی آنها داشته باشیم. با خشونت و بیمهریِ شریعت نمیشـود در خانه و یا در جامعه صـلح ایجاد کرد. ولی با مهر و محبت عیســی مســیح میشـود. پس محبت عیسـی مسـیح نمونهٔ خوبی برای ارتباط انسـانهاسـت نه شـریعت اسلام.

زمان نظر و اندیشه ۱۳

۱. آیا با تبعیض و فشار و خشونت میتوانیم در خانواده و یا در رابطه امان با دیگران دوستی پایدار برقرار کنیم؟
۲. پیروی از شریعت اسلام و خشونت با همسران چه نوع اثری روی فرزندان خانواده خواهد گذاشت؟
۳. آیا فشار و خشونت میتوانند کسی را دوست صمیمی خدا و یا پیامبری بکنند؟
۴. آیا خدایی که منبع حکمت است و میتواند با دلیل انسانها را قانع بکند به فشار متکی میشود؟
۵. با وجود دادن حق آزادی اختیار به انسانها آیا خدا نیازی به تحمیل کردن خودش دارد؟

۶. چرا محبت عیسی مسیح بر اصول شریعت اسلام برتری دارد؟
۷. آیا به شما احساس مسئولیت دست میدهد که با دیگران در مورد محبت عیسی مسیح صحبت کنید؟

انسان به دوست نیاز دارد نه به دشمن

آیا موافقم هستید؟ اگر هستید، پس نیاز داریم که بدانیم چگونه و با چه وسیله هایی میتوانیم دوستیهای پایدار بنا کنیم.

همچنانکه دشمنی دیگران با ما برایمان خوشایند نیست، دشمنی ما هم برای دیگران خوشایند نخواهد بود. مثل روزِ روشن آشکارستکه ما نمیتوانیم با عصبانیت، تنفر، خشونت، حیله، دروغ و هر وسیلهٔ غیر اخلاقی دیگر دوستی صادقانه و پایدار با دیگران داشته باشیم. وسیله های خشونت و غیر اخلاقی برای جنگ و دعوا، و برای تجاوز به حقوق دیگران هستند. زمانیکه ما حقوق دیگران را زیر پا میگذاریم نمیتوانیم بین خود و آنها دوستی بنا کنیم. برای دوستی واقعی ما به احترام، مهربانی، فداکاری، بخشش، صبر و کنترل خود نیاز داریم.

همهٔ این حقایق بیانگر این حقیقتند که ما باید از آن اشخاص و باورهایی که به ما تنفر و عصبانیت و خشونت و یا هر عمل غیر اخلاقیِ دیگر یاد میدهند دوری کنیم تا دیگر نتوانیم آنها را بر علیه دیگران که مثل ما فکر و زندگی نمیکنند بکار بگیریم. اگر از چنین

اشخاص و باورها دوری نکنیم نه تنها دشمن دوستی در جوامع خود خواهیم بود بلکه در خانواده های خود نیز دوستی را نابود خواهیم کرد.

نفرت به دیگران فقط نفرت به دیگران نیست

تنفرِ شما به دیگران آن نیستکه فقط به دیگران زیان برساند، بلکه به خانوادهٔ خودتان نیز زیان خواهد رساند. چرا؟ زیرا، آن دلی که در آن دانهٔ تنفر را کاشته اید یکی از آن دلهای خانوادهٔ شماست و در خانوادهٔ خودتان هم کار کرده بار خواهد آورد. اجازه بدهید که یک نمونه از تنفر اسلامی به شما بدهم و ببینید که آیا گفتارم درست است یا نه.

پیامبر اسلام به پیروانش یاد داد که از بتپرستها و پیروان دینهای دیگر تنفر داشته باشند. مسلمانها هم با آن تنفر به دیگران حمله ور شده بسیاری را قتل عام کردند. همه از ترس جان مسلمان شدند. دیگر در سرزمین عرب غیر مسلمانی باقی نمانده بود که تا مسلمانها تنفر خود را روی او خالی کنند. چی شد؟ آیا آن تنفر هم دیگر با تمام شدن غیرمسلمانها به آخر رسید؟ نه. آن تنفر اسلام در دل فرزندان اسلام ریشه کرده بر علیه خانواده های خود اسلام هم بار آورد. آن تنفر حتی در خانوادهٔ خود محمد

دو دستگی ایجاد کرد و دو گروه سنی وشیعه را بوجود آورد. و اکنون که ۱۳ قرن از شروع آن تنفر گذشته هنوز هم آن تنفر در کار تولید است و پیوسته باعث خونریزی بین این دو گروه اسلامی میشود.

آیا برایتان عجیب نیست؟ آیا میبینید که تنفر چه بلای خانمانسوزی است؟ پس فکر نکنید که تنفر دل شما فقط به دیگران ضرر میرساند. با تنفر دل خود برای خود و خانوادهٔ خودتان هم دردسر ایجاد خواهید کرد. درستکه تنفر دیگران را خشمگین و یا اینکه پر از ترس میکند ولی دل تنفر کننده را هم سمی میکند. بخاطر اینستکه عیسی مسیح در کتاب انجیل خود میگوید که ما نباید حتی نسبت به دشمنانمان تنفر داشته باشیم، بلکه به آنها مهربان شده برایشان دعا کنیم.

متاسفانه اسلام در را تماما و در همهٔ جوانب ارتباطی برای تنفر و خشونت باز گذاشته، اینچنین احترام و محبت صمیمی را به خطر انداخته است.

زدن زن برای هر کسی در خانواده بد میاورد

زمانیکه یک مرد مسلمان به فرایض قرآن گوش کرده مادر بچه های خود را میزند، بچه های آن مادر هیچگاه قادر نخواهند بود که از خشونت پدرشان درس محبت و

احترام یاد بگیرند، بلکه تلخی و عصبانیت یاد خواهند گرفت. آن عصبانیت و خشونت روی اخلاق فرزندان اثر گذاشته آنها را نسبت به هم و دیگران بی مهر ببار خواهد آورد.

اگر قرآن یک محبت واقعی را به خانواده تعلیم میداد آنگاه آن محبت شوهر را از زن بهتر نمیدانست، بلکه آنها را به معنی واقعی با هم متحد میکرد تا همدیگر را مثل بدن خود دوست داشته باشند، هر چند اگر دو انسان متفاوتند. دستها، پاها، چشمها و همهٔ اعضای بدن ما با یکدیگر فرق میکنند، ولی همهٔ آنها ارزش یکسانی برای ما دارند. عضوهای بدن ما همدیگر را دوست دارند، و برای ایجاد یک بدن متحد و سالم در هماهنگی با هم کار کرده، کارها را با هم تکمیل میکنند. کارهای یک خانواده هم باید شبیه کارهای یک بدن باشد. اگر یک شوهری به قرآن گوش کند و به همسرش بگوید که عقلش کم است و یا او را کتککاری بکند، خانواده اش نمیتواند یک خانوادهٔ با محبت و سالمی باشد.

در نتیجه، شما نمیتوانید یک خانوادهٔ با محبت و سالمی داشته باشید مگر اینکه ارزشهای خوب خانوادگی را یاد بگیرید و آنها را در خانواده اتان بکار ببرید تا به همسر

خودتان که نقش مهمی در راه بردن خانواده با شما دارد مهربان، با محبت، با احترام و پر از بخشش باشید.

حقیقت مطلب اینجاستکه فقط عیسی مسیح میتواند بهترین ارزشهای خانوادگی را بشما بدهد و در خانواده اتان هماهنگی درستی ایجاد بکند. ازدواج از دیدگاه کتاب انجیل عیسی مسیح آنگونه اتحادی است که ویژگیهای عالی و الهی زن و شوهر را به رو میاورد تا هر روز که از زندگیشان میگذرد کاملتر بشوند. برای عیسی مسیح ازدواج آن نیستکه شوهر را بهتر از زن جلوه بدهد، بلکه آن ازدواجی است که مزد را بیشتر خدایی کرده تا در رابطه با همشرش بیشتر از هر کس دیگر با رحم و محبت باشد، به آنگونه که به بدن خودش محبت میکند.

در گفتار قبلی ام به شما گفتم که چگونه عالمان مشهور اسلامی زنان را با حیوانها یکی دانسته خوار کرده اند. اگر قرآن از آنها نمیخواست که همسرانشان را بزنند آنها هم دیگر نمیآمدند به طرز فجیعی گفتارها و کارهای زشت و غیر انسانی خود را توجیح بکنند.

شما در خانواده به دوست احتیاج دارید نه دشمن. با برتریگرایی بر خانمتان و یا با کتک زدن او نمیتوانید در

خانواده اتان دوستی برقرار کنید. به همین خاطر نیاز دارید که قرآن را ترک کرده از انجیل عیسی مسیح پیروی کنید.

چند زنی باعث ناهماهنگی و خشونت میشود

قرآن با مجوز چند زنی هم باعث تفرقه و دشمنی در خانواده میشود. شما اگر از قرآن تبعیت کنید و بیش از یک زن داشته باشید آنگاه در خانوادهٔ خود باعث اختلاف و بیمهری خواهید شد.

بعنوان یک مسلمان ممکن است که بگویید، «بله، چند زنی بیمهری ایجاد میکند فقط زمانیکه شوهر قادر نباشد در بین همسرانش عادلانه رفتار کرده عدالت را برقرار بکند. با یک شوهر عادل مشکلی در خانه نخواهد بود.»

واقعا راست میگویید؟ مگر پیامبر اسلام مجهز به عدالت نبود که تا عدالت را در میان زنان خودش بر پا کند؟ اگر بود، پس چرا بین او و همسرانش هماهنگی نبود؟

اجازه بدهید که یک نمونه ای از قرآن به شما بدهم. سورهٔ تحریم (۶۶) از بی اتحادی بین محمد و همسرانش صحبت میکند. آیه های ۱ تا ۵ در این سوره به ما میگویند که محمد مخفیانه قولی را به همسرانش داده بود

زیر پا گذاشت. داستان از این قرار استکه حفصه یکی از زنان محمد از خانهٔ پدرش برگشته محمد را بر خلاف قولی که به زنانش داده بود با یکی از کنیزانش در رختخوابش دید. محمد قول داده بود که هیچ کنیزی را برای هدف بستری شدن با او به خانهٔ هیچیک از همسرانش نبرد. بالاخره حفصه ناراحت شده عهد شکنی محمد را با عایشه زن دیگر محمد در میان گذاشت. خدای محمد هم بجای اینکه محمد را سرزنش بکند حفصه را بخاطر در میان گذاشته آن خبر با عایشه تهدید به طلاق میکند و میگوید که اگر محمد او را طلاق بدهد خدا زن بهتر از او را برای محمد تهیه خواهد دید.

میبینید که حتی خدای محمد به او یاد میدهد که محمد عدالت را زیر پا بگذارد و عهد شکنی بکند. این نشان میدهد که حتی عادلترین شوهر هم در اسلام اجازهٔ شرعی دارد که عدالت شکنی بکند و نتواند با چند زنی خانوادهٔ خوشحال و با محبتی داشته باشد.

خداوند حقیقی از ابتدای خلقت میدانستکه چند زنی محبت و دوستی ایجاد نمیکند. وگرنه حواهای زیادی برای آدم خلق میکرد. ولی خدا یک زن برای آدم و یک شوهر هم برای حوا خلق کرد تا درس بزرگی برای دنیا باشد.

من خودم از یک خانوادهٔ مسلمان چند زنی آمده ام و رفتار خانواده های چند زنی دیگر را نیز از نزدیک دیده ام. وضع ارتباطی همهٔ آن خانواده های چند زنی از خانواده های یک زنی به مراتب بدتر بود. چند زنی نه فقط بین همسران تفرقه و خشونت ایجاد میکند، بلکه رابطهٔ همهٔ عضوهای آن خانواده را هم تیره میکند.

باید به انجیل عیسی مسیح بچسبیم. بر اساس انجیل عشق و اتحاد و دوستی واقعی را زمانی در یک خانواده میتوانید ببینید که زن و شوهرِ آن خانواده عشق و دوستی واقعی را درک کرده باشند و با آن دید با هم متحد شده همدیگر را از دل و جان دوست داشته باشند. این چیزیستکه از صفحات قرآن پنهان مانده است.

آموزش فرزندان برای بی احترامی به ولیشان مانند زهر به دوستی است

قبلا اشاره کردم که چگونه قرآن باعث دشمنتراشی در خانواده میشود و به بچه های نابالغ یاد میدهد که به پدران خود بی احترامی کرده سرپرستی آنها را نادیده بگیرند. در صورتیکه شما باید به والدینتان احترام بگذارید.

سورهٔ توبه آیهٔ ۲۳ به بچه ها تعلیم میدهد که اگر پدرانشان تعهد اسلامی ندارند به آنها احترام نگذارند و

از آنها اطاعت نکنند. این فرمان قرآن به هیچ وجه برای ایجاد یک خانوادهٔ سالم نمیتواند باشد. پدر شما لایق احترام است. اوستکه برای احتیاجات روزمرهٔ شما زحمت کشید تا شما را به عرصه بیاورد و شما هم بتوانید در وقتش برای فرزندانتان پدری و مادری کنید. چگونه میتوانید از فرزندان خودتان توقع احترام داشته باشید اگر شما به پدر خودتان بی احترامی کنید، آنهم فقط بخاطر آنکه پدرتان تعهد کاملی به دینتان نشان ندهد و یا اینکه مثل شما فکر نکند و ایمان نداشته باشد؟ از طرف دیگر، شما چگونه میتوانید از دیگران توقع احترام داشته باشید در صورتیکه به پدر خودتان که از همه به شما نزدیکتر است احترام نمیگذارید؟

اجازه بدهید که یک سوال دیگری مطرح کنم. مگر خدا پدرتان را با آزادی انتخاب خلق نکرده است که تا ایشان هر راهی را که دوست داشته باشند انتخاب کنند؟ شما حق ندارید به پدرتان بی احترامی کنید. به قرآن گوش نکن، به پدرت حرمت کن مهم نیست که به چه باوری اعتقاد داشته باشد.

عنوان پدری و یا مادری برای کتاب مقدس عیسی مسیح خیلی خیلی اهمیت دارد. خدا عنوانهای پدری و مادری را استفاده میکند تا اینکه بتواند عمق مهر و محبتش را

برای ما بیان کند. به ما میگوید که ما را مانند یک مادر و یا یک پدر دوست دارد. خدای حقیقی هرگز از ما نمیخواهد که به پدر و مادرمان بیحرمتی و یا دشمنی کنیم. شما به دوست احتیاج دارید نه به دشمن. به همین جهت نیاز دارید که در این قسمت به قرآن گوش نکنید و به آزادی عقیدهٔ همهٔ عضوهای خانوادهٔ خودتان احترام بگذارید. در حقیقت شما با خدا دشمنی خواهید کرد اگر به آزادی انتخاب مردم احترام نگذارید و یا اینکه باور خود را به آنها تحمیل کنید.

تهدید و کشتن دیگران بخاطر باورشان در را بروی دوستی میبندد

همچنین، اگر شما به فرمان قرآن گوش بکنید، خویشان و همسایگان خود را به خاطر مسلمان نبودن تهدی کنید و یا اینکه بکشید، آنگاه زمینه را برای دشمنی و تنفر و انتقام هموار میکنید نه برای دوستی. آن دشمنی و تنفر و انتقام هم دیگر تمام شدنی نخواهد بود، مگر اینکه اسلام را ترک کنید، پیرو یک باور پر از محبت بشوید و دیگران را هم مثل خود دوست داشته باشید. وگرنه، اخلاق غیر دوستانهٔ اسلامی امکانی در شما برای دوستی و فداکاری باقی نخواهد گذاشت.

خود را از دیگران بهتر دانستن مانع بزرگی برای دوستی است

قرآن همچنین در سورهٔ آل عمران (۳) آیهٔ ۱۱۰ تعلیم میدهد که شما به عنوان مسلمان از دیگران بهتر هستید. این باور هیچگاه نمیگذارد که در زندگی اتان یک دوست صمیمی داشته باشید. شما چگونه میتوانید از مسیحیان، یهودیان و دیگران بهتر باشید در صورتیکه شما هم مثل آنها گناهکارید؟ چگونه یک گناهکاری میتواند از گناهکار دیگری بهتر باشد در صورتیکه همهٔ گناهکارها در نزد خدا یکسانند؟

برای دوستی با دیگران فروتنی، مهربانی و برابری لازمست در صورتیکه قرآن آنها را نادیده میگیرد. بخاطر همینستکه پیروی شما از قران همانا دشمنی با لطافت و دوستی است. اجازه بدهید که گفتارم را با دادن یک نمونهٔ دیگر از اسلام تمام کنم و به شما بگویم که چگونه اسلام با دوستی و نرمی دشمنی میکند.

نقش موسیقی در نرم کردن دل

اسلام از شما میخواهد که با موسیقی دشمنی کنید و از آن استفاده نکنید. در صورتیکه موسیقی از خداست[۷]. خدا در هر جا از موسیقی استفاده میکند. صدای صحبت شما میتواند یک نوع موسیقی آرامبخش برای دیگران باشد. آیا نشنیدی که میگویند، «الهی صدایت همیشه بیاید؟» همهٔ ما به سخنها و نغمه های دلنشین همنوعان خود نیازمندیم. نه فقط انسانها بلکه حیوانها با این نوع نیازها را در زندگی خودشان دارند. موسیقی هم میتواند و هم اینکه تا کنون توانسته است دلنشین باشد و باعث آرامش بشود.

نرمی و ملایمت موسیقی عجیب است و دل را برای ملایمت آماده میکند. در موسیقی هماهنگی بین صدا و آلتهای موسیقی برای آنستکه تا ما شور و احساسهایمان را با زیبایی، نرمی و محبت هماهنگ کرده بیان بکنیم. موسیقی معمولا دشمنی را از بین برده، دوستی را قوی میکند و هم اینکه دل را از عزا و ماتم بیرون میاورد. آن موسیقی ای که با او بزرگ شده و به آن خو گرفته اید

---

[۷] مزمور داوود میگوید که: برای خداوند که قوت ماست سرود شادمانی بسرایید و برای خدای یعقوب آواز شادمانی سر دهید. دف را بیاورید و با بربط و رباب سرود بخوانید. شیپور را در روزهای عید به صدا درآورید، در ماه نو و زمانی که ماه کامل است. زیرا این رسمی است برای اسرائیل. (مزمور ۸۱ آیه های ۱ تا ۳)

عشق شما را به سرزمین مادری اتان پایدار نگهمیدارد. ولی اسلام مخالف این وسیلهٔ عشقزا و دوستپرور است. واقعا عجیب است!

همهٔ آن چیزهایی که در این بخش از گفتارم در مورد اسلام شنیدید وسیله های دیکتاتوری هستند که در را به محبت و دوستی خالصانه میبندند ولی باعث تقویت دیکتاتوری میشوند که بجز دشمنی چیز دیگری تولید نمیکنند. با حضور قرآن برایتان مشکل خواهد بود که در این زندگی دو روزه با دوستی و مهربانی زندگی بکنید. شما به عیسی مسیح و انجیل او نیاز دارید.

زمان نظر و اندیشه ۱۴

۱. چرا نمیشود با عصبانیت، نفرت، خشونت، حیله، دروغ و دیگر وسیله های غیر صادقانه دوستی واقعی بنا کرد؟
۲. چرا باید از تنفر کردن به دیگران دوری کنیم؟
۳. بعضیها میگویند که اسلام صلحجو است. آیا این ادعا با تعلیمات قرآن هماهنگی دارد؟
۴. آیا خوب نیستکه به جای نفرت و خشونت، در مهر و محبت زندگی کنیم؟
۵. چرا نیاز داریم که از عیسی مسیح پیروی کنیم؟

انجیل عیسی مسیح راهنماییهای عالی برای رابطه ها دارد

شگفتی این راهنمائیهای انجیل برای شما زمانی مشخص خواهد شد که آنها را با تمامی فکر و دل و وجدان خود با ارزشهای باور خود و دیگران مقایسه کنید. هدف منهم از این موضوع سخن من همینست که راهنمائیهای عیسی مسیح را به فکر و دل و وجدان شما بردارم تا شما هم با دلیل متوجه بشوید که چرا آنها بی نظیر، مفید و تازه کنندهٔ زندگی هستند.

رابطه ها مهمترین و اساسیترین قسمتهای زندگی ما انسانها هستند. به همین دلیل استکه همهٔ ما دوست داریم که با ما با مهر و انصاف و عدالت برخورد بشود. و به همین دلیل استکه یک باور خوب میتواند نقش بزرگی در برقراری محبت و انصاف و عدالت بازی کند. اگر یک باوری نتواند در میان مردم اتحاد و هماهنگی ایجاد کند، آنگاه زندگی با آن باور کاملا زیان آور خواهد بود.

هر باوری در دنیا قدرت فوق العاده زیادی دارد که هویت، رفتار و اخلاق پیروان خودش را بر اساس ارزشهای خودش شکل بدهد. پس ما نیاز ضروری داریم بدانیم که برای داشتن یک هویت خوب کدام باوری را

انتخاب کنیم و یا اینکه از کدامها دوری کنیم. به همین دلیل، برایمان حیاتی است که باور خودمان را با دیگر باورها مقایسه کنیم و ببینیم که آیا باور ما بهترین است یا نه، و اگر نیست بهترین را جایگزین آن کنیم.

از دیدگاه انجیل مهر و محبت در رابطه ها جای برتری دارند

در آغاز این بحث گفتم که راهنماییهای انجیل برای ارتباطها عالیترین هستند. این بخاطر آنستکه انجیل مهر و محبت را عاملهای کلیدی برای بنای یک ارتباط سالم و پایدار میداند. هیچ باور دیگری در دنیا نقش مهر و محبت را در رابطه ها آنقدر اساسی و بزرگ نمیبیند که انجیل عیسی مسیح میبیند.

همهٔ آن باورهایی که به تئوری پیدایش اتفاقی و جهشی اعتقاد دارند بخاطر رد کردن هر گونه استاندارد از پیش ساخته شده نمیتوانند بگویند که مهربانی بهتر از ستم است. نظر به اینکه هر چیزی در نظرشان اتفاقی و بوسیلهٔ نیروی طبیعت بوجود میاید، ولی نه با برنامه ریزی قبلی، پس هر چه پیش آید خوش آید. یعنی ستم هم همانقدر ارزش دارد که محبت دارد. پس از نظر این باورها انسانها نقشی و یا توانی ندارند که در یک دنیای

اتفاقی مهر و محبت را به عنوان عوامل برتری برای رابطه های خود با دیگران انتخاب کنند زیرا هر آنچیزیکه اتفاق میافتد بهتر است. مثلا اگر دیکتاتوری اتفاق بیافتد و آزادی را از بین ببرد آنگاه دیکتاتوری بهتر از آزادی است.

پس میبینید که چگونه این باورها آزادی انتخاب انسانها را فدای نیروی طبیعت کرده آنها را از توان و قابلیتهایشان خلع سلاح میکنند و نمیگذارند که برای کیفیت دادن به رابطه های خودشان تصمیم خلاقی بگیرند. ولی حقیقت مطلب اینستکه، هیچ چیزی در رابطه ها اتقاقی بوجود نمیاید بلکه با سخنانی که ما انسانها میگوییم و یا با رفتارهایی که از خود نشان میدهیم. پس میبینید که این باورهای قرن گذشته مهر و محبت را عوامل بالاتری در رابطه ها نمیبینند.

باورهای انسانگرایی، نیو ایج، هندویی، بودایی و غیره هم که انسانها را با خدا برابر میدانند، مهر و محبت را فقط وسیله هایی برای خودگرایی و انگیزه های فردی میبینند. زیرا هر کسی که خود را خدا ببیند دیگر به مهر و محبت دیگران نیازی نخواهد داشت. تصورش را بکنید که در یک خانواده مهر و محبت شوهر، زن، مادر، پدر و فرزندان بدرد آن دیگری نخورد، صرفاً بخاطر اینکه

باورشـــان به آنها یاد داده اســتکه هر یک خداســت، همهٔ چیزها را در خودش دارد و بـه دیگری نیـازی نـدارد. خانواده ای با چنین عضــوهایِ به اصــطلاح بی نیاز از همدیگر جز جای هرج و مرج چیز دیگری نیســت. ولی واقعیت اینستکه مدل شخصی یک شوهر یا زن یا فرزند یا یک رهبر نیست که میتواند یک خانواده یا جامعهٔ صلح آمیز تشــکیل بدهد بلکه ارزشـــهای یک مدل کامل که استانداردش بالاتر از استاندارد همهٔ مدلهاست.

در اســلام هم مهر و محبت بســتگی به قدرت رهبر حاکم دارد. در نتیجه، مهر و محبت نیســتند که در رابطه ها حاکمیت دارند، بلکه تصــمیم و یا فتوای آن فردی که در جامعهٔ اسلامی حکومت میکند. اگر رهبر اسلامی به شما حکم کند که حتی به پدرتان محبت نشـــانِ ندهید آنگاه اجازه ندارید که به پدرتان محبت کنید. نمونهٔ بارز این حکم را در سوره توبه (۹) آیه ۲۳ میبینیم که به فرزندان یک خانه حکم میکند که از پدرشان اطاعت نکنند اگر آن پدر به اســلام پایبند نباشـــد . بنابرین، زور و قدرت در اســلام مهر و محبت را شــرطی میکنند. به همین دلیل، هیچ کســی در اســلام، حتی محمد، نمیتواند بالاترین مدل مهر و محبت در رابطه ها باشد.

عیسی مسیح نمونهٔ کامل مهر و محبت است

فقط عیسی مسیح استکه میتواند نمونهٔ کامل مهر و محبت برای رابطه های شما در خانه و بیرون از خانه باشد. چرا؟ برای اینکه مهر و محبت عیسی مسیح شرطی نیستند، بلکه هم برای دوست هستند، هم برای مخالف و هم برای دشمن . برای دوستان، بخاطر اینکه دوستیِ حقیقی فقط از طریق مهر و محبت امکانپذیر است؛ برای مخالفان، بخاطر اینکه تا مخالفان لحظه ای اندیشه کنند و دریابند که مخالفت با کسی به این معنی نیستکه طرف مقابل را خوار کرد، بلکه یک متُد خوب و دوستانه ای ارائه داد تا بوسیلهٔ آن صلح و دوستی بنا و حفظ بشود. و بالاخره برای دشمنان هم مهر و محبت بخاطر این هستند که تا آنها هم دریابند که فقط مهر و محبت میتوانند دشمنی را به دوستی تبدیل کنند نه کینه و قصاص. مهر و محبت مانند آبی بر روی آتش دشمنی کار کرده خشم و نفرت و کینه را از بین میبرند.

بجز انجیل عیسی مسیح هیچ دینی و فلسفه ای در دنیا چنین مدل مهر و محبتی را معرفی نمیکند. عیسی مسیح خودش مدل این مهر و محبت است. انجیل عیسی مسیح میگوید که "خدا محبت است". اگر خدا محبت نباشد نه کلامش میتواند با محبت باشد، نه رسولش و نه پیروانش.

پس اولین قدم برای داشتن رابطهٔ با مهر و محبت با دیگران اینستکه خدای حقیقی را که منبع محبت است پیدا کنیم و زندگیمان را روی زیربنای او بنا کنیم. زندگی ما ابتدا باید رابطهٔ عمقی با منبع محبت داشته باشد که تا در رابطه هایمان مهر و محبت را کم نیاوریم و برای تنفر هایمان هم نتوانیم هیچ بهانه ای داشته باشیم.

یک پیامبر حقیقی یعنی اینکه خودش و باورش بر مهر و محبت بنا شده باشند

عیسی مسیح در انجیل متی باب ۲۲ آیه های ۳۷ تا ۴۰ میگوید که تمام پیامبران و شریعتشان باید به دو چیز وابسته بشوند: یکی اینکه، خدای خود را با تمامی دل و فکر و وجود دوست داشته باشند، و دوم اینکه، همسایهٔ خود را مثل خودشان دوست داشته باشند.

منظور عیسی مسیح اینستکه یک شریعت خدایی و یا یک پیغمبر درست آنی استکه بر مهر و محبت بنا شده باشد. اگر چنین نباشد پس معلوم میشود که نه آن پیغمبر از خدای محبت است و نه دین و نه شریعتش. بنابرین، حقیقت مطلب اینستکه شما نمیتوانید با پیروی از هر نوع مدل و یا پیغمبری که دلتان میخواهد صلح و دوستی بین خود و دیگران برقرار کنید، حتی اگر علاقهٔ شدیدی هم

به برقراری دوستی و صلح داشته باشید. شما زمانی میتوانید در این خصوص موفق بشوید که از مدل عالیِ مهر و محبت عیسی مسیح پیروی کنید. اگر از یک رهبر و یا یک پیغمبر دیکتاتور و عصبانی پیروی کنید، پندار و گفتار و کردار او هم الگوی شما در رابطه هایتان با خانواده اتان و یا دیگران خواهند بود. ولی اگر از عیسی مسیح پیروی کنید، آنگاه مهر و محبت بدون قید و شرط او الگوی رفتارهای شما با همه خواهد بود. پس میبینید که فرق بزرگی بین کلام قرآن و کلام انجیل در مورد نوع رابطه ها است. قرآن آن مهر و محبتی را که برای دوستی پایدار هستند ندارد.

عیسی مسیح به این دنیا آمد که تا دلهای انسانها را از تنفر، نفرین، خشونت و جنگ تمیز کرده آنها را با مهر و محبت به هم نزدیک بکند. ولی ده سالهٔ آخر زندگی پیامبر اسلام پر از تنفر، خشونت، حمله و جنگ است. آیا با تنفر، نفرین، خشونت، جنگ و دعوا دوستی پایدار بنا میشود؟ ابدا. تصورش را بکنید که اگر خدا برای گناهانتان از شما نفرت داشت، شما را روزانه نفرین میکرد و هر آن هم به شما خشونت نشان داده حمله میکرد. آیا در آنصورت امیدی برای شما باقی میماند که تا به او برگردید و دوست او بشوید؟ نه.

مردم دوست خدا میشوند نه به خاطر خشونت او بلکه به خاطر دلسوزی و محبت او. ابراهیم دوست خدا شد نه بخاطر اینکه خدا وحشتناک بود بلکه به خاطر مهر و محبت خدا. در رابطه های ما انسانها هم همانگونه است. مردم زمانی دوست ما میشوند که ما غمخوار آنها باشیم و به آنها مهر و محبت کنیم. کسی دوست ما نمیشود اگر ما نفرینش کنیم و یا اینکه نسبت به او خشونت خرج بدهیم. به خاطر همینستکه انجیل در اول یوحنا باب ۴ آیه های ۱۱ و ۱۲ میگوید که: اگر محبت خدا به ما چنین است، ما نیز باید یکدیگر را دوست بداریم .... اگر ما یکدیگر را دوست بداریم خدا در ما زندگی میکند و محبت او در ما به کمال میرسد.

انجیل عیسی مسیح به ما میگوید که خدا زمانی در یک پیغمبر و یا در هر انسان دیگری زندگی میکند که اگر آن شخص از خود مهر و محبت نشان بدهد. ولی اگر دل و دست و پاهای آن شخص بسوی تنفر و جنگ و جهاد شتابان بشوند خدا نمیتواند در آن شخص زندگی بکند.

پس شما نیاز دارید که به خدای محبت انجیل اجازه بدهید که در شما ساکن بشود تا محبت شما را کامل بکند، تا شما هم بتوانید با آن محبت کامل نظر دیگران را، حتی دشمنان خود را، جلب کرده آنها را با الگوی خوب

عوض بکنید. در اینصورت هستکه شما حتما نظر آنها را جلب خواهید کرد، چونکه هر چیز کامل نظرِ مردم را بخود جلب میکند. محبت کامل هم در شـما همینکار را خواهد کرد. با محبت کامل شـما خانوادهٔ با محبتی هم خواهید داشــت و با آن خانواده در همســایگی اتان هم خواهید درخشــید و با همســایه هایتان هم در جامعهٔ بزرگتان خواهید درخشید. چه بسا که محبت شما روی مخالفان شما هم اثر بگذارد و آنها را هم تشویق بکند که مثل شما خود را از دشمنیها راحت بکنند. به همین دلیل، نیاز دارید که از عیسی مسیح پیروی کنید و اجازه بدهید که انجیلش در رابطه های خانوادگی اتان و در رابطه هایتان با دیگران تاج سر شما بشود.

زمان نظر و اندیشه ۱۵

۱. با چه مشکلی روبرو خواهیم شد اگر بجای مهر و محبت بدون قید و شرط عیسی مسیح از محیت شرطی اسلام، نیو اِیج و یا تئوری پیدایش اتفاقی پیروی کنیم؟

۲. خصوصیات یک الگوی خوب مهر و محبت چه ها هستند؟

۳. رفتار ما با دیگران چگونه خواهد بود اگر از یک رهبر و یا پیامبر دیکتاتور و خشمگین پیروی کنیم؟

۴. چرا برای بنا شدن در مهر و محبت، و صلح با دیگران به پیدا کردن خدای حقیقی نیازمندیم؟

۵. مهر و محبت چه نوع تغییراتی را میتوانند در خانه، در جامعه و در دنیا ایجاد کنند؟

۶. به نظر شما آیا عیسی مسیح سزاوار سپاس برای مهر و محبت کاملش هست؟

قرآن از پیامبر اسلام میخواهد که به کتاب مقدس توکل بکند

آیا باور میکنید؟ خیلی از مسلمانهای دو آتشه میگویند که کتاب تورات و انجیل دستکاری شده اند. آیا این حقیقت دارد؟ اگر این کتابها عوض شده بودند پس چرا محمد به قرآن خودش شک کرد ولی در عوض نه اینکه به این کتابها شک نکرد بلکه خدایش هم به او گفت که برود و حقیقت را از این کتابها یاد بگیرد؟

در یک موضوع قبلی دیدیم که چگونه آیه های خود قرآن میگویند که قرآن دستکاری شد. آیا کتاب مقدس یهودیها و مسیحیها هم میگویند که پیروانشان در آنها دستکاری کردند؟

آن دسته از مسلمانهایی که میگویند کتاب مقدس دستکاری شده است تا کنون هیچ دلیل منطقی از خود بجا نگذاشته اند که تا بگویند چه زمانی این دستکاری انجام گرفت؛ آیا قبل از حیات محمد بود، آیا در زمان حیات او، یا اینکه بعد از حیات او؟ آیا میدانید که چرا نتوانستند یک دلیل منطقی برای ادعای خودشان بجا بگذارند؟ بخاطر اینکه، هر دلیلی که بیاورند بر خلاف گفتارهای خودِ قرآن خواهد بود.

تورات و انجیل نمیتوانستند قبل از حیات محمد عوض بشوند

چرا؟ برای اینکه سورهٔ یونس (۱۰) در آیهٔ ۹۳ به محمد میگوید که: اگر نسبت به قرآن شک داری، پس برو حقیقت را از یهودیها و مسیحییانی که تورات و انجیل را خوانده اند جویا بشو. سورهٔ آل عمران (۳) در آیهٔ ۳ و سورهٔ مائده (۵) در آیه های ۳۶ تا ۳۸ هم میگویند که تورات و انجیل نور و راهنمای مردم هستند. از این آیه های قرآن در میابیم که محمد حتی به قرآن خودش شک کرد ولی خدایش از او خواست که تا برود و حقیقت را از یهودیها و مسیحیان دورهٔ خودش که از تورات و انجیل پیروی میکردند جویا بشود.

اگر تورات و انجیل دستکار شده بودند و قابل اعتماد نبودند خدای محمد هیچگاه نمیگفت که این کتابها نور راه مردمند؛ و از محمد هم نمیخواست که برود و حقیقت را از پیروانِ این کتابهای به اصطلاح دستکاری شده جویا بشود.

دستکاری تورات و انجیل در زمان حیات محمد هم نمیتوانست اتفاق بیفتد

زیرا که سورۀ بقره (۲) در آیه های ۹۱ و ۹۷ و سورۀ نساء (۳) در آیۀ ۳۷ به محمد میگویند که قرآن درستیِ تورات و انجیلی را که در دست یهودیان و مسیحان هستند تایید میکند. از طرف دیگر، سورۀ مائده (۵) در آیۀ ۶۸ به یهودیان و مسیحیان دورۀ محمد میگوید که، ای اهل کتاب شما هیچ زیربنای محکمی بجز تورات و انجیل و آنچه را که از خدای شماست ندارید.

پس میبینید که، نه اینکه قرآن درستی تورات و انجیل زمان محمد را تایید میکند، بلکه به یهودیان و مسیحیان هم میگوید که ایمان خود را به آن کتابها محکمتر کنند. اگر تورات و انجیل دستکاری میشدند قرآن هیچموقع درستی و اعتبار آنها را تایید نمیکرد.

دستکاری تورات و انجیل بعد از حیات محمد هم نمیتوانست اتفاق بیفتد

زیرا، همانطوریکه قرآن و کتابهای اسلامی تایید میکنند، یهودیان و مسیحیان در هر جای شبه جزیرۀ عربستان و در تمامی سرزمینهای همجواری که لشکر اسلام تصرف کرده بود پخش بودند و کتابهای مقدشان را هم بهمراه

داشتند. بدون شک رهبران و معلمان اسلامی نسخه هایی از کتابهای مقدس دست نخوردهٔ قبلی را نگه میداشتند و در حوزههای خود هم از آنها بحث میکردند که چگونه یهودیان و مسیحیان کتابهای خود را بعد از مرگ محمد عوض کردند. ولی هیچگونه بحثی در این مورد در تفسیرها و کتابهای قدیمی اسلامی نیست. پس معلوم میشود که این ادعای دستکاری جز غرض چیز دیگری نیست و هیچ سندیتی ندارد.

قرآن از محمد میخواهد که به کتاب مقدس یهودیان و مسیحیان تکیه بکند

من واقعا تعجب میکنم که چرا رهبران و ملاههای اسلامی به دو چیز مهم در قرآن توجه نمیکنند. یکی اینستکه سوره یونس (۱۰) در آیه های ۹۳ و ۹۵ از محمد میخواهد که برای کسب حقیقت روی تورات و انجیل تکیه کند. دوم اینکه، سورهٔ مائده (۵) در آیهٔ ۳۳ به یهودیها میگوید که محکم به تورات خود چسبیده و به آن تکیه کنند. آیا برایتان تعجب آور نیستکه قرآن به محمد میگوید که به تورات و انجیل توکل کند، و به مسیحیها و یهودیها هم میگوید که محکم به کتابهای مقدس خود بچسبند؟ بعبارت دیگر، لازم نیستکه به قرآن تکیه کنند و یا از محمد پیروی کنند.

از گفتارهای قرآن چنین نتیجه گرفته میشــود که محمد و مسـلمانان میتوانند به درسـت بودن قرآن شـک بکنند، یا اینکه گفتارش را نادیده بگیرند ولی بدرستیِ کتاب مقدس یهودیان و مسیحیان نباید شک بکنند و یا اینکه گفتارهای آنها را نادیده بگیرید. اگر قرآن از محمد، که بالاترین مقام روحانی و رهبری را در اسـلام دارد، میخواهد که به تورات و انجیل تکیه بکند، آنگاه روشـن اسـت که مسلمانها، رهبران، معلمان و ملاهای اسلامی نیز بجای پخش کردن تهمتهای ناروا در بارهٔ تورات و انجیل نیاز ضـروری دارند که آنها را بخوانند و به آنها تکیه هم بکنند.

این آیه های قرآنی ثابت میکنند که محمد ارزش بیشـتری به کتابهای مقدس یهودیان و مسـیحیان زمانِ خود میداد. نه اینکه اعتبار این کتابها را اعلام میکرد، بلکه مسلمانها را هدایت هم میکرد که به آنها تکیه کنند. پس میبینیم که این آیه های قرآن هر گونه شـکی را در مورد کتاب مقدس یهودیان و مسیحیان رد میکنند.

اگر یهودیان و مسـیحیان مکه کتابهایشـان را دسـتکاری کرده از راه بدر شـده بودند یقینا محمد به کتاب و رسومات آنها اعتماد نمیکرد. ولی از کتابهای اسلامی در مییابیم که محمد سالهای سال به کلیسا رفت و با کشیشان

کلیساهای مکه و سوریه تماسهای نزدیکی داشت. همسر او خدیجه همیشـــه در مکه به کلیســـا میرفت. اینها همه نشـــان دهندهٔ اعتماد محمد به مســـیحیان بود. آگر اینها حقایق زندگی محمد هســـتند و او اینقدر به کتاب مقدس یهودیان و مســـیحیان احترام میگذاشـــت، پس داســـتان دستکاری کتاب مقدس در میان مسلمانها از کجا سرچشمه گرفت؟

این ریشهٔ تهمت از کجا سرچشمه میگیرد؟

این داســـتان تهمت بعد از فرار کردن محمد از مکه به مدینه بذر افشانی شد، پس از مرگ محمد هم رشد کرد و بعدها شـــکل جدیدتری به خود گرفت. در مدینه، محمد به قبیلهٔ عربی خزرج پناهنده شـــد. خزرجیها از یهودیها و مسیحیها نفرت داشتند. محمد برای اینکه بتواند خودش را به این قبیله بقبولاند و به زندگی خود ادامه بدهد خود را با خواستها و نفرتهای این قبیله هماهنگ کرد.

نفرت میتواند مشـــکلات جدی ای را در رابطهٔ انســـانها ایجاد کند. اگر شـــما از یک شـــخصـــی و یا گروهی نفرت داشـــته باشـــید، آن نفرت باعث میشـــود که عیبهای کوچک آنها را بزرگتر نشـــان بدهید، حتی تهمتهای ناروا به آنها بچســـبانید، آنها را از حیوانها هم بدتر بدانید و یا اینکه

آرزوی مرگ آنها را بکنید. دل تنفر کننده را فقط یک چیز میتواند خنک کند. آنهم اینستکه طرف مقابل بمیرد یا اینکه وادار بشود تا همه چیزش را از دست بدهد، بیاید و تا آخر عمرش برده و یا پیرو سر سپردهٔ تنفرکننده بشود.

این چیزی بود که در مدینه برای محمد اتفاق افتاد. زمانی که در مکه بود یهودیها و مسیحیها را الگوهای خوب و کتابهای مقدسشان را هم چراغ راه مردم خواند. ولی بعد از هجرت به مدینه آنها را بدتر از حیوان خواند، اهمیت کتاب مقدسشان را نادیده گرفت، تازه مجبورشان هم کرد که دینشان را ترک کنند و پیرو اسلام بشوند. رفتارهایی را که محمد در مدینه نسبت به یهودیها و مسیحیها از خود نشان داد کاملا مغایر با گفتارها و دستورات قرآن در سیزده سالهٔ اول رسالتش در مکه بودند. منطقش هم این بود که خدایش دیگر عقیده اش را نسبت به یهودیان، مسیحی ها و کتاب مقدسشان عوض کرد تا رضایت محمد را جلب کند.

آیا خدای واقعی حقیقت را نادیده میگیرد و بر ضد گفتار و راهنماییهای خودش سخن میگوید؟

ابدا. این نوع گفتارهای ضد و نقیض و تهمتهای ناروا به خدا بودند که باعث شدند تا من هم اطمینانم را نسبت به قرآن و اسلام از دست بدهم.

به همان اندازه که در مدینه به قدرت محمد افزوده میشد به همان اندازه هم قرآن از باور اولیهٔ خودش دوری کرده بسوی تهمت زدن و خشونت میرفت. بطوریکه بعضی از یاران محمد هم از تغییر ناگهانی رفتار او متعجب و سرگشته شدند و حتی اسلام را هم ترک کردند. دیگر این محمد مدینه با محمد مکه خیلی فرق داشت. زمانی که در مکه بود با همه صلح داشت. پیغامش «لا اکراه فی الدین بود» یعنی در دین اجباری نیست. همه به دین خود بودند و او هم به دین خود بود. بتپرستها را مجبور به پیروی از خودش نکرد. برایش یهودیها و مسیحیها هم به خاطر داشتن کتاب مقدس در راه مستقیم بودند. حتی با همسرش خدیجه به کلیسا رفته پرستش کلیسایی هم میکرد. ولی همینکه پاهایش به مدینه رسید سناریو عوض شد. آنجا روش قبیلهٔ خزرَج را در پیش گرفت، به زور متوصل شد و گفت، «ما بهتر از دیگرانیم و دین ما بالاتر از دینهای دیگران است.» دیگر با هر کسی از جمله

دوستهای قدیمی خودش یهودیها، مسیحیها و بقیهٔ عربها نفرت و دشمنی را در پیش گرفت. بهانه اش هم این بود که خدا دیگر فکرش را عوض کرده بود تا محمد را راضی نگهدارد.

این اتهام چگونه زبانزد عام گردید؟

در مدینه محمد بخاطر راضـــی نگهداشـــتن قبیلهٔ میزبان خودش دنبال هر راه و بهانه ای میگشـت که به آنوسـیله بتواند یهودیها و مسـیحیها را مورد اتهام قرار بدهد. حتی به پیروانش یاد داد که نامش در تورات و انجیل پیشگویی شده بود (سورهٔ انفال (۷) آیهٔ ۱۵۷ و سورهٔ الصّف (۶۱) آیهٔ ۶) تا اگر پیروانش نامش را در این کتابها پیدا نکنند، یهودیها و مسیحیها را متهم به حذف نام او کنند.

ســالها بعد از مرگ محمد، معلمین اســلامی گشــتند و نتوانستند نام محمد را در کتاب تورات و انجیل پیدا کنند. نظر به اینکه در اسلام ابراز شک نسبت به گفتار محمد و قرآن خطرناک بود، امنترین راه برایشــان آن بود که مسـیحیان و یهودیان را متهم به حذف نام محمد از کتاب مقدس کنند. بعد از آن دیگر این اتهامِ «حذف نام محمد از کتاب مقدس» دامنـه دار شــــده در هر جا به زبان مسلمانها افتاد.

پس میبینید که تغییر رفتار محمد نسبت به یهودیان و مسیحیان در مدینه چگونه در را برای جانشینان او باز کرد تا با اتهام بیجایی کتاب مقدس آنها را بی اعتبار بخوانند و باعث بشوند که این اتهام زبانزد همهٔ مسلمانها هم بشود. حالا هم ترس از حقیقتگویی راه را بروی معلمین و رهبران اسلامی بسته است و نمیگذارد که آنها با دید الهیاتی و منطقی به فرق اصلیِ بین قرآن و کتاب مقدس پی ببرند.

نقاب اتهام نابجا

جای تعجب استکه رهبران و معلمین اسلامی اعتبار کتاب مقدس را با گفته هایش نمیسنجند بلکه با بود و یا نبود نام محمد در آن میسنجند. چون نام محمد در آن نیست پس این کتاب برایشان بی اعتبار است.

فرق اساسی بین قرآن و کتاب مقدس به خاطر وجود و یا عدم وجود یک نام نیست، بلکه آنست که کتاب مقدس باعث نجات مردم بر روی زمین میشود ولی قرآن چنین نجاتی ندارد.

فرض کنیم که نام محمد در کتاب مقدس بود. وجود نامش فرقی در پیغام کتاب مقدس ایجاد نمیکرد. مرکزیت پیغام کتاب مقدس اینست که شما به عیسی مسیح که زنده و در

آسمان است و میتواند شما را به آسمان ببرد ایمان بیاورید و نجات پیدا کنید. اگر نام محمد هم در کتاب مقدس بود باز هم کتاب مقدس از شما میخواست که دلتان را به مسیح بدهید. چرا؟ برای اینکه مسیح تنها راه و راستی و حیات است و اوست که به آسمان هدایت میکند.

خلاصهٔ کتاب مقدس از آدم تا عیسی مسیح اینستکه نجات مردم در نزد خدا از هر چیز دیگری ارزشمندتر است، و بخاطر این خدا خودش را بوسیلهٔ مسیح ظاهر کرد تا مردم را از گناه و شیطان آزاد کند. پس نگرانی خداوند بود و یا نبود نام پیغمبری در کتاب مقدس نیست؛ نگرانی خداوند نجات جانهاست که از نام پیامبران هم برایش ارزش بیشتری دارد.

تمامی کتاب مقدس عیسی مسیح بوسیلهٔ ۳۰ پیامبر در عرض ۱۶۰۰ سال به شکل کامل کنونی خودش در آمده است. با بیش از ۳۰۰ نبوت در مورد عیسی مسیح همهٔ آنها چشم خود را به زمانی بستند که در آن عیسی مسیح آمده مردم را نجات میدهد. نه بی ثباتی سیاسی و نه فراز و نشیبهای اجتماعی و اقتصادی در این زمان طولانی قادر بودند که در میان پیامهای این ۳۰ پیامبر ناهماهنگی ایجاد کنند. همهٔ نبوتهایی که آنها در مورد عیسی مسیح کردند همانطور هم بوقوع پیوست.

چنین هماهنگی ای در میان گفتارهای قرآن موجود نیست. با وجود اینکه فقط یک شخص، یعنی شخص محمد، آنرا در عرض ۲۳ سال آخر عمر خود آورد، بسیاری از آیه های قرآن در ده سالهٔ آخر عمر محمد با آیه های سیزده سالهٔ اول رسالتش در مکه تضاد دارند. آیا برای هماهنگی پیغامهای آنهمه پیامبران کتاب مقدس در عرض ۱۶۰۰ سال شگفتزده نیستید؟

چگونه میتوانید این نقاب تهمت را از روی خود رد کنید؟

کنجکاوی من مرا بر آن داشت که کلام کتاب مقدس عیسی مسیح را به خاطر رد رهبران اسلامی شخصا مطالعه عمقی و آزمایش بکنم. به خودم گفتم که خدا به من چشم داده استکه خودم بخوانم و ببینم، مغز داده است که خودم مقایسه کنم، دل و وجدان هم داده است که خودم ارزیابی کرده انتخاب کنم. این اقدام من راه را برای من باز کرد تا دریابم که کتاب مقدس دست انسان را در دست خدای حقیقی میگذارد و دل انسانرا پر از اطمینان میکند. قرآن هرگز این کار را نمیکند. به همین جهت پیرو عیسی مسیح شدم.

شما هم نیاز دارید که همین کار را بکنید. گفتار کتاب مقدسِ عیسی مسیح را با گفتار قرآن مقایسه کنید و ببینید

که کدامیک صادق است، و بعد آنی را انتخاب کنید که به شما اطمینان نجات ابدی میدهد.

نه محمد و نه قرآنش میتوانند به شما نجات بدهند. سورهٔ لقمان (۳۱) آیهٔ ۳۳ و سورهٔ احقاف (۳۶) آیهٔ ۹ میگویند که کسی نمیداند که بعد از مرگ چه بسرش خواهد آمد. ولی کتاب مقدس به شما، هر کسی که میخواهید باشید، صد در صد اطمینان نجات را از هم اکنون تا ابدالاباد میدهد. از لحظه ای که به مسیح ایمان میاورید به آغوش خداوند میافتید و آغوش خداوند پناهگاه ابدی شما خواهد بود. نابرین، به کتاب مقدس عیسی مسیح پناه بیار تا نجات یابی.

زمان نظر و اندیشه ۱۶

۱. اگر کتاب مقدس تحریف شده بود آیا محمد به آن اعتماد میکرد؟
۲. آیا محققین اسلامی دلیل قانع کننده ای برای ادعای خود در مورد تحریف کتاب مقدس دارند؟
۳. یکی از دلایل محققین اسلامی در مورد ادعای تحریف کتاب مقدس آنستکه که نام محمد در آن نیست. گیریم که نام محمد در آن بود. آیا وجود نام محمد تغییری در پیغام اصلی کتاب مقدس میکرد؟

۴. چه میتوانیم بکنیم که تا مسلمانها فکر خود را بیشتر بجای مشغول کردن به مسائل کم اهمیتی مانند بودن و یا نبودن نامی در کتاب مقدس به اطمینان نجات آن کتاب که یک مسئلهٔ حیاتی است مشغول کنند؟

۵. از کدام کتاب نیاز مبرم داریم که پیروی کنیم، آیا از کتاب مقدس که اطمینان نجات دارد یا از قرآن که فاقد اطمینان نجات است؟

اتهام‌های اسلام به باور مسیحیان بی اساس است

اسلام مسیحیان را با چیزهایی متهم می‌کند که مسیحیان به آنها باور ندارند. یک نمونه از آنها تعریف غلط عبارت «پسر خدا» است. پیروان عیسی مسیح باور دارند که عیسی مسیح پسر روحانی خداست و خودشان هم فرزندان[8] روحانی خدا هستند.

در اسلام عیسی مسیح را پسر خدا خوانده ناروا‌ست

سورهٔ نسائ (۳) در آیهٔ ۱۷۱ می‌گوید از خدا بدور‌ست که فرزندی داشته باشد. و سورهٔ مریم هم در آیه‌های ۳۵ و ۸۹ و ۹۱ می‌گوید که نسبت دادن یک فرزند به خدا افترا و بسیار زشت است. بر اساس این گفتارهای قرآن و بدون توجه به معنی درست عبارت «پسر خدا» در انجیل

---

[8] انجیل می‌گوید که: خوشا به حال صلح کنندگان، زیرا ایشان فرزندان خدا خوانده خواهند شد. (متی ۵: ۹) عیسی مسیح هم پسر خدا خوانده می‌شود به خاطر اینکه پادشاه صلح هست و در میان مردم صلح بنا می‌کند. پیروان او نیز بخاطر اینکه بوسیلهٔ او در صلح بنا شده اند و بعنوان سفیران صلح او در میان مردم عمل می‌کنند فرزندان خدا خوانده می‌شوند.

عیسی مسیح، مفسرین قرآن به غلط به خورد مسلمانها داده اند که مسیحیان در مورد خدا افترا گفته اند.

در هیچ جای کتاب مقدس مسیحیان نوشته نشده استکه مسیح حاصل رابطهٔ جنسی بین خدا و مریم است. بلکه میگوید که روح خدا بر مریم باکره آمد، جسم شد و خود را کاملا در عیسی مسیح آشکار کرد. در انجیل رابطهٔ خدا و مریم یک رابطهٔ روحانی است. خدا نیازی به یک زن ندارد و نمیتواند رابطهٔ جسمانی با یک زن داشته باشد، زیرا که او خداست.

نادیده گرفتن حقیقت در مورد عبارت "پسر خدا"

آیا این ناراحت کننده و دردآور نیست که محمد و مفسرین اسلامی چشم خود را به معنی واقعی این عبارت، در انجیل پوشاندند، و بر اساس برداشت غلط و اشتباه خود گفتند که مسیحیان به خدا افترا زده اند و حتی به مسلمانها مجوز شرعی هم دادند که مسیحیان را بخاطر باورشان بکشند. واقعا هر مسلمانی نیاز دارد که یک انجیلی را از یک مسیحی قرض کند، آنرا بخواند تا شخصا ببیند که اتهامات اسلام نسبت به باور مسیحیان ناروا ست.

با آشنا شدن با انجیل مسیحیان استکه مسلمانها میتوانند معنی واقعی پسر و یا دختر خدا بودن را درک کنند و با

دانش به اشتباه، غرضورزی و دشمنی ۱۳۰۰ سالهٔ اسلام نسبت به مسیحیان و یهودیان خاتمه بدهند.

انجیل در کتاب لوقا باب ۱ آیهٔ ۳۵ مسئلهٔ شکل بستن عیسی مسیح را در رحِم مریم باکره اینچنین بیان میکند: «فرشته به مریم پاسخ داد، روح القدس بر تو خواهد آمد و قدرت خدای متعال بر تو سایه خواهد افکند و به این سبب آن نوزاد مقدس، پسر خدا نامیده خواهد شد.»

میبینید که انجیل بروشنی میگوید که روح مقدس خدا به مریم آمد و مریم به عیسی مسیح مقدس حامله شد. بنابرین، این رابطه یک رابطهٔ فیزیکی نبود بلکه یک رابطهٔ روحانی بود.

در مورد پیروان عیسی مسیح هم انجیل در کتاب یوحنا در باب ۱ آیه های ۱۲ و ۱۳ میگوید که عیسی مسیح به همهٔ آنهایی که او را قبول کردند و به او ایمان آوردند این امتیاز را داد که فرزندان خدا خوانده شوند. نه مانند تولدهای معمولی و نه در اثر تمایلات نفسانی یک پدر جسمانی بلکه از خدا تولد یافتند.

انجیل همچنین در کتاب اول پطرس باب ۱ آیهٔ ۲۳ به پیروان عیسی مسیح میگوید که: «اینبار تولد شما در اثر

تخم فانی نبود، بلکه به وسیلهٔ تخم غیر فانی یعنی کلام خدای زنده و جاویدان تولد تازه یافتید.»

بنابرین، عیسی مسیح پسر خدا خوانده میشود برای اینکه او روح و کلام زنده و جاویدان خداست؛ ما هم فرزندان خدا خوانده میشویم برای اینستکه مسیح بعنوان روح و کلام جاویدان خدای زنده در ما زندگی میکند و به ما زندگی و اطمینان جاویدان داده است. پس، ترجمهٔ کتابها و تفسیرهای اسلامی در بارهٔ عبارت «فرزند خدا بودن» در باور مسیحیان کاملا غلط است. عالمان اسلامی نیاز دارند که انجیل را بخوانند و از انتقاد مغرضانه و بیپایهٔ خود دست بردارند.

قرآن خودش میگوید که خدا میتواند یک پسر داشته باشد

حالا میخواهم که چیزهای قابل توجهی را از قرآن به شما نشان بدهم تا متوجه بشوید که عالمان اسلامی تا چه اندازه مشکلات اسلام را نادیده گرفته ولی بدون دلیل برای دیگران مشکلتراشی میکنند.

همچنانکه اشاره کردم، سورهٔ مریم در آیه های ۸۹ و ۹۱ میگوید که نسبت دادن فرزندی به خدا خیلی زشت و افتراآمیز است. ولی سورهٔ زُمَر در آیهٔ ۳ میگوید که اگر خدا بخواهد میتواند فرزندی برای خود انتخاب کند.

واقعاً؟ اگر نسبت دادن یک فرزند به خدا چیز زشتی است پس چرا قرآن خودش داشتن چنین چیز زشتی را به خدا احتمال میدهد؟ آیا عالمان اسلامی ناتوانند که این مشکل بزرگ را در قرآن ببینند؟ آنها میگویند که مسیحیان به خدا تهمت و افترا میزنند وقتیکه میگویند خدا میتواند برای خود فرزندی انتخاب کند. آیا گفتار سورهٔ زُمَر افترا به خدا نیست وقتیکه میگوید خدا قادر است و میتواند فرزندی برای خود اختیار کند؟

از یک طرف سورهٔ نساء (۳) در آیهٔ ۱۷۱ میگوید که خدا نمیتواند فرزندی داشته باشد. ولی از آنطرف سورهٔ زُمّر (۳۹) در آیهٔ ۳ میگوید که اگر خدا بخواهد میتواند فرزند داشته باشد. آیا متوجه شدید که چه گفتم؟ سورهٔ زمر میگوید که برای خدا غیر ممکن نیست که فرزندی داشته باشد. یعنین اگر خدای قرآن تصمیم بگیرد که کسی را بعنوان پسر خود انتخاب کند آنگاه آن خدا پدر آنکس خوانده خواهد شد. آیا عنوان «پدر بودن» یا «پسر داشتن» به آن معنی خواهد بود که خدای اسلام یک زن دنیوی داشته و آن پسرخوانده اش هم حاصل یک رابطهٔ فیزیکی بوده است؟ آیا این دورویی نیست؟ قرآن از یک طرف به مسیحیان میگوید که خدا نمیتواند پسری داشته باشد و پدر خوانده بشود، ولی از طرف دیگر به مسلمانها میگوید که، اگر خدا آرزو کند میتواند فرزند داشته باشد.

بنابرین ناعادلانه است زمانیکه قرآن خودش باور داشته باشد که خدا میتواند فرزند اختیار کند ولی از مسیحیان و یهودیان بخواهد که چنین چیزی نگویند. تازه قرآن قدمی هم فراتر گذاشته و از مسلمانها خواسته است که مسیحیان و یهودیان را به خاطر داشتن چنین باوری بکشند. این کار خیلی ناعادلانه است.

سورهٔ توبه (۹) در آیه های ۲۸ و ۲۹ میگوید که بر علیه یهودیان و مسیحیان جهاد کرده آنها را بکشید. زیرا که یهودیان میگویند که عِزرا یا عُزِیر پسر خداست و مسیحیان هم میگویند که مسیح پسر خداست ...

آیا راهی برای دور ماندن از تهمتهای ناروا است؟

امیدوارم توجه کرده باشید که چرا قرآن نمیتواند حق مجاز و الهی داشته باشد تا یهودیان و مسیحیان را بخاطر عبارت پسر خدا متهم بکند. اولا، برای اینکه این عبارت معنی روحانی دارد، دوما اینکه خود قرآن در سورهٔ زمر میگوید که خدا اگر اراده بکند میتواند فرزندی داشته باشد.

عالمان اسلامی هم باید از کارهای خودشان شرمسار بشوند که درخت بزرگ را در چشمهای خود نمیبینند ولی میگردند که تا شاید خار کوچکی در چشم دیگران

پیدا کنند تا به آن وسیله بازار تهمت خود را داغ نگهدارند. با همین طرفندهاستکه بدروغ یهودیان و مسیحیان را متهم کردند و آن اتهامات نابجا را همه جا هم پخش کردند. آنها واقعا نیاز دارند که از یهودیان و مسیحیان برای اتهامات بیجایشان عذرخواهی بکنند.

تعریفهای تمام کتابهای اسلامی در مورد عبارت پسر خدایی که مسیحیان به آن باور دارند غلط است. عالمان اسلامی هیچگاه قادر به تعریف درستی از باور مسیحیان نخواهند بود مادامیکه انجیل مسیحیان را با چشم وجدان خود بخوانند. آنها همچنین نیاز دارند که جرات پیدا کرده آن سنت محدود کنندۀ اسلامی را پشت سر بگذارند و انجیلی را که در دست مسیحیان است با تفسیرهای آن بخوانند تا بتوانند معنی حقیقی باور مسیحیان را در مورد عبارت «پسر خدا» پیدا کنند.

منهم زمانیکه یک مسلمان بودم مثل آنها گرفتار سنتهای سختگیر اسلامی بودم. زیرا، همیشه یک نوع فشار مذهبی-فرهنگی روی مسلمانها هست که باید از سنت اسلام، حالا درست یا غلط، پیروی کنند. ولی چقدر ممنونم که در یک برهه از زندگی ام آرزوی نگاه کردن به زندگی بیرون از اسلام را کردم. بعد از آن بود که

عیسی مسیح خودش را به من آشکار نمود و دیدگاههای مرا عوض کرد.

واقعا ماندن در داخل دایره اسلام یک گرفتاری بزرگی است. از هر نظر مثل یک آدم زنجیری مجبور میشوی که در چهارچوبهٔ اسلام فکر کنی، حرف بزنی و عمل کنی. اگر خدا در داخل یک دایره گرفتار نیست، پس بندگانش هم نباید باشند. شما هم نیاز دارید که مثل خدا آزاد باشید و نگذارید که اسلام شما را اسیر کند. میخواهم صادقانه به شما بگویم که پا از دایرهٔ یک باور بسته به بیرون گذاشتن دنیای پیشرفت را بروی شما باز میکند.

بر خلاف ایمان مسیحیان، اسلام تثلیث را به نادرستی به عنوان "سه خدایان" ترجمه میکند

اجازه بدهید که به یکی دیگر از اتهامات بیجای اسلامی که در مورد تثلیث مقدس است اشاره ای بکنم.

قرآن (نساء ۳: ۱۷۱ و مائده ۵: ۱۱۶) و تفسیرهای اسلامی میگویند که مسیحیان به سه خدا باور دارند. این اصلا حقیقت ندارد. در کتاب مقدسِ عیسی مسیح به بیش از یک خدا باور داشتن کفر است. کتاب انجیل بارها و بارها میگوید که خدا یکی است (مرقس باب ۱۲ آیهٔ۳۲؛

رومیان باب ۳ آیه‌ه ۳۰؛ اول قرنتیان باب ۸ آیهٔ ۳؛ غلاطیان باب ۳ آیهٔ ۲۰؛ اول تیموتائوس باب ۲ آیهٔ ۵).

انجیل اصلا از عقیدهٔ سه خدایی حمایت نمیکند. اسلام حقیقت را تحریف کرده است که تا وسیله ای برای اتهام مسیحیان داشته باشد. مسیحیان هیچگاه تثلیث را آنچنان تعریف نکرده اند که معنی سه خدا را داشته باشد. همهٔ ترجمه ها و تفسیرهای انجیل مردم را به باور یک خدایی هدایت میکنند.

تثلیث مسیحیان چه هست؟ تثلیث یعنی پدر، پسر و روح القدس که به یک خدا نسبت داده میشوند. مسیحیان خدا را به عنوان خدای محبت و بخشنده «پدر» میخوانند. بعنوان استوار و پایدار کنندهٔ حکومت روحانیِ خودش در دل انسان بر روی زمین خدا را «پسر» میخوانند. و بعنوان محافظ، هدایت کننده و اطمینان دهنده هم خدا را روح القدس میخوانند. پس معنی تثلیث اینستکه خدای یگانه خود را به سه طریق به ما آشکار میکند. خدای یگانه و توانای مطلق قادر است خودش را به هر طریقی به ما آشکار بکند.

ما انسانها نیز در زندگی روی زمین این نوع نسبتها را داریم. مثلا، من هم پسر خوانده میشوم، هم شوهر و هم

پدر. با وجود اینکه یک نفر هستم ولی میتوانم خودم را به سه طریقِ فردی ظاهر کنم تا بتوانم محبت و مسئولیتم را در خانهٔ خود به اجرا بگذارم. این به آن معنی نیستکه من سه نفرِ جدا از هم هستم. من یک نفر هستم ولی خودم را به سه گونهٔ مختلف آشکار میکنم. مکاشفهٔ خدا هم درست مثل همین است.

خدا خودش هیچگاه به این عنوانها نیازی ندارد. آنها برای نیاز ما انسانها هستند. انسانها به محبت خالص نیاز دارند و آن محبت هم فقط در خدا پیدا میشود. مادامیکه در زندگی روزمرهٔ ما هیچ محبتی بالاتر از محبت والدین به فرزندانشان نیست، خدا خودش را در کتاب مقدس پدر میخواند تا به ما نشان بدهد که ما را با دل والدینی حتی بیشتر از والدینهایمان دوست دارد.

خدا "پدر" خوانده میشود

ببینید که خدا چرا و چگونه محبت و مواظبت خودش را نسبت به پیروان خودش در کتاب مقدس بیان میکند:

در کتاب اشعیاء نبی باب ۶۶ آیهٔ ۱۳ میگوید که: من شما را مثل مادری که بچه اش را آرام میکند آرامی خواهم بخشید .... دوباره در کتاب اشعیاء نبی باب ۳۹ آیهٔ ۱۵ خدا میگوید که: آیا ممکن است مادری نوزادی را که

شیر میدهد فراموش کند؟ آیا او محبتش را از نوزادی که پارهٔ جانش است دریغ میدارد؟ اگر هم مادری فراموش کند ولی من نخواهم کرد.

عیسی مسیح هم در کتاب متی باب ۷ آیهٔ ۱۱ کتاب انجیل چنین میگوید: اگر شما که انسانهای گناهکاری هستید میدانید چگونه باید چیزهای خوب را به فرزندان خود بدهید چقدر بیشتر باید مطمئن باشید که پدر آسمانی شما چیزهای نیکو را به آنانی که از او تقاضا میکنند عطا خواهد فرمود.

بنابرین، میبینید که محبت خدا نسبت به ما مانند محبت یک مادر و یا پدر است. او با محبت صمیمی و پدرانهٔ خودش به ما نزدیک میشود تا به ما محبت کند و همچنین به ما یاد بدهد که محبت، عدالت، قدوسیت، نیکی، صلح و خوشی واقعی چه ها هستند. بخاطر این دلایل است که خدا پدر خوانده میشود.

خدا همچنین "پسر" خوانده میشود

روح خدا به مریم آمد و آن روح بعنوان جسم مسیح بدنیا آمد. بعبارت دیگر، خدا خودش را در مسیح بعنوان «پسر» آشکار کرد. خدا قادر مطلق است. او اگر میتواند خود را به عنوان پدر آشکار کند، بعنوان پسر هم میتواند

آشـــکار بشـــود. خدا خودش را به هر طریقی که بخواهد آشـــکار میکند. او خودش را به عنوان آتش به موســـی آشکار کرد و به عنوان یک انسان هم در عیسی مسیح.

چرا خداوند میخواهد که خودش را آشـــکار کند؟ چرا خدا خودش را مانند خدای اســـلام پنهان نکرد؟ بخاطر اینکه اگر شیطان خودش را در هر جا آشکار میکند تا انسانها را گول بزند، خدا از شـیطان عاجزتر نیسـتکه تا خودش را پنهان کند و نتواند کاری برای نجات انســـان بکند. او خودش را آشکار میکند تا انسانها پناهگاهی داشته باشند.

دومین دلیل اینستکه خدا یک نقشهٔ آسمانی دارد که تا آنرا بر روی زمین برای انســانها پیاده کند. مهندســی نقشـهٔ آسمانی را فقط خدا میتواند بر روی زمین پیاده کند. چرا؟ برای اینکه هیچ کس دیگری به اندازهٔ خود خدا از ان نقشه باخبر نیست تا بتواند مو به موی آنرا بر روی زمین به اجرا بگذارد.

سومین دلیل اینستکه خدا انسانها را برای یک هدفی خلق کرده است. پس برای هدف دادن به زندگی انسان حضور و نظارت خدا همیشـــه لازم اســـت. همچنانکه گفتم، او معمار و مهندس آسمانی است تا پادشـاهی خودش را در دلهای ما بنا بکند. یک معمار دو کار مهم انجام میدهد:

یکی اینکه همه چیز را روی کاغذ مینویسد. دوم اینکه برای بنا کردن به محل بنا میرود. خدا هم همینکار را میکند. او ابتدا کتاب مقدس را بعنوان کلام نوشته شدۀ خود آماده کرد و در آن بروشنی بیان کرد که چگونه پادشاهی روحانیش را در دلهای ما بنا خواهد کرد. بعد هم در جسم عیسی مسیح قدم به زندگی ما گذاشت تا پادشاهیش را در دلهای ما بنا کند. کلام خدا چگونه میتواند به انسان ربط داشته باشد اگر شخص خودش را به انسان آشکار نکند؟ بخاطر همینستکه انجیل در کتاب یوحنا باب ۱ آیهٔ ۱۳ میگوید که: «کلمه انسان شد و در میان ما ساکن گردید. ما شکوه و جلالش را دیدیم – شکوه و جلالی شایستهٔ فرزند یگانهٔ پدر و پر از فیض و راستی.»

پس خدا که روح و کلمه است خودش را در مسیح آشکار کرد و این مکاشفهٔ خودش را «پسر» نامید تا پادشاهی خودش را عملا در دلهای ما بر پا بکند.

خدا همچنین "روح القدس" خوانده میشود

خدا در انجیل به عنوان خدایِ همیشه حاضر، معلم، آرامش دهنده، محافظ، هدایت کننده و اطمینان دهنده روح القدس هم خوانده میشود.

اگر خدا فقط به ما محبت کند و ما را نجات بدهد برای ما کافی نخواهد بود. ما برای ادامهٔ زندگی و یادآوریهای پی در پی هم به حضـــور دائمی خدا با ما نیاز داریم. در مقابل ناملایمات زندگی هم به حضـــور دائمی خدا نیازمندیم تا مواظب ما باشـــد، مانند یک مادر یا پدر دستهای ما را بگیرد و تا آخر سفر زندگی با ما باشد. این حضور دائمی خدا در انجیل روح القدس خوانده میشود.

پس، تثلیث یعنی پدر، پســـر و روح القدس، در انجیل به معنی سه خدا نیست، بلکه یک خداست که خودش را به ســـه طریق آشـــکار کرده اســـت. به همین دلیل تهمتهای اسلامی در خصوص باور مسیحیان نادرست است.

میخواهم کـه ســـخنانم را بـا یکی دیگر از اتهـامهـای باورنکردنی و عجیب قرآن تمام کنم.

ســـورهٔ توبـه (۹) در آیـهٔ ۳۱ میگوید کـه: «یهودیهـا و مسیحیها معلمان و راهبان خود را خدایان خوانده شریک خدا قرار میدهند، ....»

چنین تعلیمی نه در کتاب مقدس اســـت و نه در تاریخ یهودیها و مســـیحیها. این اتهام قرآن کاملا بیپایه اســـت و هیچ ســـندیتی ندارد. انجیل عیســـی مسیح و پیروان او به

یـک خـدا اعتقـاد دارنـد و از یـک خـدا پیروی میکننـد. اتهامهای اسلام به باور مسیحیان بی اساس است.

زمان نظر و اندیشه ۱۷

۱. هم انجیل (لوقا باب ۱ آیه‌ه ۳۵) و هم قرآن (سورهٔ مریم آیه های ۱۷ تا ۲۱) میگویند که خدا روح خود را به مریم فرستاد و او پسری مقدس بدنیا آورد. پس چرا محققین اسلامی این بیانات روشن هر دو کتاب را در مورد رابطهٔ روحانی خدا و مریم نادیده میگیرند و به نادرستی میگویند که مسیحیان عیسی مسیح را حاصل رابطهٔ جنسی بین خدا و مریم میدانند؟

۲. آیا محققین اسلامی در رد موضوع "پسر خدا" در مسیحیت میتوانند صادق باشند، در صورتگی که خودِ قرآن تأیید میکند که اگر خدا اراده بکند میتواند پسر داشته باشد؟

۳. کتاب مقدس بروشنی میگوید که چند خدایی کفر است. پس چرا محمد و محققین اسلامی مسیحیان را متهم به پیروی از سه خدا میکنند، در صورتیکه مسیحیان هرگز تثلیث را به عنوان سه خدا ترجمه نکرده اند؟

۴. چه چیزی میتواند مسلمانها را از اطلاعات و اتهامات نادرست دور نگهدارد؟

۵. دانیال هم، زمانیکه یک مسلمان بود، مسیحیان را در مورد تثلیث و پسر خواندگی عیسی مسیح متهم کرد. چه چیزی دیدگاه او را بعدا عوض کرد؟

سیاستبازی در اسلام

سیاستبازی در اسلام حتی باورهای اسلامی را هم نادیده میگیرد. اسلام تنها دین سیاسی در دنیاست. معمولا، سیاست هم که از دست دروغ و فریب در امان نیست. سیاست اسلامی هم نه اینکه از دروغ و فریب دوری نکرده است، بلکه پا فراتر نهاده آنها را تحت شرایطی جایز هم کرده است.

سیاست فریبکاری

سوره های آل عمران (۳) آیهٔ ۵۳ و انفال (۸) آیهٔ ۳۰ میگویند که خدا فریبکارتر از هم است. اگر خدا فریبکار باشد پس باید فریبش را در سیاست و هر چیز دیگر هم استفاده کند. اگر خدا در سیاست خود فریب بکار ببرد، آیا فکر نمیکنید که پیروان وفادار او هم پا در جای پای او بگذارند؟ شکی نیست که آنها از سیاست او پیروی خواهند کرد. این همان سیاستی استکه از زمان آغاز اسلام تا کنون بهای سنگینی را روی دوش مسلمانها گذاشته است.

وقتی که فریب شرعی بشود آنگاه باعث رواج دروغ و سیاستبازی هم خواهد بود. به همین خاطر استکه خدای قرآن دروغ را هم جایز دانسته است.

سوره‌ٔ نحل (۱۶) در آیهٔ ۱۰۶ تجویز میکند که یک مسلمان میتواند در شرایطهای خاصی دروغ بگوید. سورهٔ بقره (۲) در آیهٔ ۲۲۵ میگوید اگر شرایط ایجاب کند مسلمانها میتوانند حتی ایمان خود را انکار کنند تا زمانیکه وضع به حالت عادی برگردد. سورهٔ آل عمران (۳) در آیهٔ ۲۸ میگوید که هدف مسلمانها از دوستی با غیرمسلمانها باید زیرکانه و برای رسیدن به قدرت و آزار آنها باشد.

پس میبینید که خدای اسلام پیروانش را تشویق میکند که به غیر مسلمانها دروغ بگویند و یا اینکه در دوستی اشان با آنها صادق نباشند. در نتیجهٔ این مجوز شرعی، دروغ بر روی روابط خود مسلمانها و بر روی سیستم قضایی آنها نیز اثر گذاشت.

نویسندهٔ معروف حدیث آقای محمد بخاری در حدیث شمارهٔ ۸۵۷ از کتاب ۳۹ و جلد ۳ مینویسد: محمد گفت کسی که با گفتن دروغ میان مردم صلح ایجاد کند دروغ نگفته است.

حسابش را برسید که خدا و پیامبر امتی به امت خودشان جواز دروغ گفتن بدهند. به همین دلیل استکه تقیه یا دروغ مصلحت آمیز نگذاشته استکه صمیمیت در میان

ملتهای مسلمان رشد کند. بر اساس کتاب مقدس مسیحیان فقط راستی استکه رابطهٔ صمیمی و صلح آمیز ایجاد میکند نه دروغ. ولی دروغ و فریبکاری بوسیلهٔ خدای اسلام الهام شد و بعد هم بوسیلهٔ پیامبرش و محققین اسلامی تحت شرایطی شرعی شدند و به این وسیله پاره ای از ایمان و سیاست اسلامی هم شدند. پس از آن چه شد؟ دروغ و فریب شرعی سیاست بازی را در سیاست اسلام اجتناب ناپذیر کرده باعث بیثباتی باورهای اسلامی شدند.

حتی خود محمد باورهای اسلامی را به خاطر سیاستبازی عوض کرد

جانشینان محمد دیده بودند که او اعتقادات اسلامی را مدام و بدون وقفه عوض میکرد، آنها هم از او یاد گرفتند و بعد از مرگش حتی به دستورات و سنت خود محمد پشت کرده باورهای مهم اسلامی را عوض نمودند و اسلامِ نوع خود را به مردم تحمیل کردند.

کتاب مقدس هر گونه دروغ و فریب را رد میکند. امثال سلیمان میگوید که یک شاهد درست فریب نمیدهد بلکه یک شاهد دروغین استکه دروغ میگوید. یک شاهد درست باعث نجات جانها میشود ولی شاهد دروغین جز

فریب کار دیگری ندارد (امثال سلیمان باب ۱۳ آیه های ۵، ۲۵ و باب ۱۲ آیهٔ ۱۷).

انجیل عیسی مسیح هم میگوید که، ما به هیچ یک از روشهای پنهانی و ننگین متوسل نمیشویم و هرگز با فریبکاری رفتار نمیکنیم و پیام خدا را تحریف نمنماییم، بلکه با بیان روشن حقیقت میکوشیم که در حضور خدا مورد پسند وجدان همهٔ مردم باشیم (دوم قرنتیان باب ۳ آیهٔ ۲).

کتاب مقدس بروشنی حیله و دروغ را رد میکند. ولی قرآن آنها را جزء ایمان اسلامی کرده باعث سیاستبازی و بینظمی گردیده است.

اولین نمونهٔ سیاستبازی در اسلام تغییر قبلهٔ مسلمین بود

حدود ۱۵ سال اورشلیم قبلهٔ محمد بود؛ او و یارانش هر روز ۵ بار بسوی اورشلیم نماز میخواندند. این زمانی بود که محمد هنوز امید داشت که یهودیها مسلمان بشوند و او را به عنوان پیامبر خود قبول کنند. ولی یهودیها او را قبول نکردند زیرا که بر اساس کتاب **مقدسدشان** هر پیامبری میبایست از ذریت اسحاق میامد. محمد هم عصبانی شد و دیگر نخوانست به سوی معبد خدای

یکتای آنها در اورشلیم نماز بخواند. به همین دلیل، مکه را بعنوان قبله انتخاب کرد با وجود اینکه در کعبه صدها بت بود و بتپرستها آنجا را اداره میکردند.

سورهٔ بقره (۲) در آیه های ۱۳۲ تا ۱۳۵ میگوید که خدا به خاطر اینکه محمد را راضی نگهدارد قبله را عوض کرد. در نتیجه، یکی از مهمترین باورهای اسلام فدای سیاستبازی شد.

تغییر قبلهٔ ایچنینی در اسلام بیثباتی اسلام را ثابت میکند. زیرا که خدای حقیقی از پیامبرش نمیپرسد که دیگر از نماز خواندن به طرف پرستشگاه یک خدایی دست بردارد و به سوی یک بتکده نماز بخواند.

دومین مشکل گفتار سورهٔ بقره (۲) آیه های ۱۳۲ تا ۱۳۵ اینستکه میگوید خدا به خاطر اینکه محمد را راضی نگهدارد قبله را عوض کرد. در یک دین حقیقی خدای بیگناه نیستکه باید پیغمبر یا مردم گناهکار را راضی نگهدارد بلکه پیامبر و مردم هستند که باید خدا را راضی نگهدارند. این گفتار قرآن با منطق الهی جور در نمیاید. کار محمد یک بازی سیاسی ای بیش نبود. نظر به اینکه او امید مسلمان شدن یهودیها را از دست داد تصمیم گرفت که روی بتپرستها سرمایه گذاری بکند و به همین

جهت هم از اورشـــليم رو برگردانده کعبه بتپرســـتها را بعنوان قبلهٔ خود انتخاب کرد.

دومین نمونهٔ سیاستبازی در اسلام نفوذ با صلح ولی حکومت با خشونت است

دومین بازی سیاسی در اسلام اینستکه با صلح نفوذ میکند و وقتی هم که به قدرت میرســـد با خشـــونت حکومت میکند.

در سیزده سـالهٔ اول نبوتِ محمد، خدای محمد به او گفت که در دین زور و اجباری نباید باشـد. آین گفته اکنون در آیهٔ ۲۵۶ ســـورهٔ بقره (۲) اســـت. محمد در این ســـیزده سـال حدود ۱۵۰ نفر طرفدار داشت و هنوز قدرتی برای تحمیل اسـلام به مردم نداشـت. اما در ده سـال آخر عمر خود در مدینه به خاطر داشـتن پیروان زیاد همهٔ سـاکنان عربســـتان را بزور مســـلمان کرد. اینبار آیهٔ دیگری بر عکس آیهٔ ســورهٔ صـــلح آمیز بقره نازل شـــد و گفت که: بجز اســـلام هیچ دین دیگری قبول نخواهد شـــد. این گفته اکنون آیهٔ ۸۵ سورهٔ آل عمران (۳) است.

این بازی سیاسی استاندارد رهبران اسلامی بعد از محمد هم شد و مثل سمی برای اعتماد و دوستی میان مسلمانها

شـــد. اثر منفی این نوع بازیِ ســیاســی را یک به یک برایتان خواهم گفت.

سومین نمونهٔ سیاستبازی در اسلام دسیسه برای رسیدن به حکومت است

سومین بازی سیاسی در اسلام دسیسه برای قدرت است. دســتکاری مداوم محمد در قرآن و اعتقادات اســلامی، و تغییر دائمی در سیاستش به جانشینان او یاد داد که یک رهبر اســلامی قدرت دارد تا هر کاری که دلش میخواهد انجام بدهد. بعد از مرگ محمد جانشینانش ابوبکر، عمر، عثمان و علی هم بخاطر بیثباتی سـیاسـی ای که از محمد به ارث برده بودند خود مختاری را پیشـهٔ خود سـاختند و خیلی چیزها را به مقتضـــای مصـــلحت عوض کردند. دامادش علی اعلام کرد که او تنها رهبر شـــرعی اســت ولی پدر خانمها و برادر خانمش گفتند که رهبری باید بر اسـاس سـالخردگی باشـد. اختلاف آنها دو مذهب سـنی و شـیعه را بوجود آورد که تا کنون باعث مرگ بسـیاریها شده است.

چهارمین نمونهٔ سیاستبازی در اسلام تغییر مکان خانهٔ کعبه است

آیا میدانستید که سیاستبازی و اختلافهای سیاسی بین رهبران اسلامی در سال ۶۳ هجری قمری (۶۸۳ میلادی) باعث شد که کعبه در بکه یا مکهٔ پترا در اردن ویران بشود و در مکان کنونی در عربستان بنا بشود؟ در زمان محمد، ابوبکر، عمر، عثمان و علی کعبهٔ کنونی وجود نداشت. کعبه در پترا محل زیارت حج برای آنها بود. همهٔ آنها در پترا بدنیا آمده بزرگ شدند. آنها هرگز در مکهٔ کنونی برای حج نبوده اند.

قریشیها و هاشمیها در پترا زندگی میکردند. بیدلیل نیستکه پادشاهی اُردن خود را هاشمی میخواند. محمد یک هاشمی بود و در پترا بود که ادعای پیغمبری کرد. در زمان یزیدبن معاویه بود که مکهٔ پترا خراب شد ولی مکهٔ کنونی در عربستان بنا شد.

اردنیها اعتقاد قوی ای دارند که تنها هاشمی آنها هستند. پادشاهی اردن یک پرچم با عظمتی را در مرز اردن با عربستان برافراشته است. تنها نوشتهٔ روی این پرچم کلمهٔ «هاشمی» است. یعنی اینکه ما اردنیها هاشمی هستیم نه شما عربستانیها.

اجازه بدهید که ابتدا از قرآن، از کتابهای تاریخی اسلامی و غیر اسلامی برای شما دلیل بیاورم که مکهٔ کنونی مکهٔ محمد نیســت، و بعد هم بگویم که چرا و چگونه کعبه در اردن بسته ولی در عربستان باز شد.

مکهٔ کنونی با مشخصات مکه ای که قرآن بیان میکند مطابقت ندارد

مشخصات کعبه ای که آیه های قرآن از آن سخن میگویند کاملا با کعبهٔ پترا هماهنگی دارند و با کعبهٔ کنونی اصلا مطابقت ندارند. در ســورهٔ آل عمران (۳) آیه های ۹۶ و ۹۷ میگویند که کعبه ای که ابراهیم بنا کرد در بَکّه بود. در سورهٔ فتح (۳۸) آیهٔ ۲۳ که در مورد لشکرکشی محمد به مکه صحبت میکند میگوید که کعبه در یک دره بود.

فقط کعبهٔ پترا اســتکه در یک دره بود. کعبهٔ کنونی در یک زمین هموار است و هیچ دره ای در کنار و اطراف خودش ندارد.

کعبهٔ کنونی با مدارک تاریخی هم هماهنگی ندارد

شما میدانید که قبل از اسلام بتپرستها هم مراسم حج در مکه داشــتند. نوشــته های اولیه تاریخی هم میگویند که کعبه در یک دره بنا شــده بود. تاریخ نویســان و باســتان

شناسان از شهرهای زیادی در عربستان که بت و بتخانه داشتند نوشته اند ولی هیچگاه از شهری بنام مکه در عربستان ننوشته اند. آیا میشود که شهر بزرگ و مهم مذهبی که مرکز تجارت هم بود از چشم تاریخ نویسان و باستان شناسان پنهان بماند؟ آنها در موردش ننوشته اند برای اینکه چنین شهری در عربستان وجود نداشت، ولی در اردن وجود داشت.

تمام مدارک تاریخی نشان میدهند که سنگ سیاه یا حجرالاسود و خانهٔ کعبه یا مسجدالحرام در پترا بودند و زیارتهای حج هم در شهر پترا صورت میگرفت.

سنگ سیاه در پترا نقش مهمی در جذب زواران داشت. چهار صد سال قبل از محمد، مکسیموس فیلسوف یونانی که در شهر صور در قرن دوم میلادی زندگی میکرد نوشته استکه سنگ سیاه در پترا بود. فرهنگ عمومی قدیم یونانی بنام «سودا» هم میگوید که سنگ سیاه در پترا بود.

طبری تاریخ نویس مشهور اسلامی در صفحات ۱۹۲ تا ۱۹۸ تاریخ طبری میگوید که ابراهیم و اسماعیل کعبه را در یک دره ساختند. طبری همچنین در صفحات ۷۱۲ و ۷۱۳ در مورد بچگی محمد صحبت کرده میگوید که او

در درهٔ شهر مقدس با بچه ها بازی میکرد. یک رودخانهٔ کوچکی هم در این دره نزد کعبه بود. شـــواهد تاریخی قـدیمی همچنین میگوینـد کـه در اطراف کعبـه زمینهـا حاصــلخیز و درختان میوه و تاکســتان بود. در اطراف کعبهٔ کنونی نه از دره و رودخانه خبری اســت و نه از زمین کشاورزی و درخت میوه.

تاریخ قدیم باز هم میگوید که شـــهر مکه با دیوارها و کوها و صـخره ها محاصـره شده بود. ورودی به شـهر نیز از طریق دو شــکاف بزرگی که در دو صــخرهٔ کوه ایجاد شـــده بود انجام میگرفت. محمد نیز خود از طریق این دو شکاف صخره ها وارد مکه میشد . مکهٔ کنونی نه آثاری از دیوارهای قدیمی دارد و نه کوهی، نه صـــخره ای و نه ورودیه ای از طریق شـــکاف صـــخره ها. ولی همهٔ این شواهد هنوز هم در پترای کنونی در اردن وجود دارند.

دو کوه مروه و صفا در مراسم حج خیلی مهم هستند. در نوشـــته های قدیمی این دو کوه در پترا بودند و آنقدر هم بزرگ بودند که بر قُله های خود بت و بتکده داشـــتند. مردم برای زیـارت بتهـا از پلـه هـای زیـادی صـــعود میکردند تا به قله ها برسند. در صورتیکه در مکهٔ کنونی دو تپهٔ دست ساخته ای هستند که در داخل ساختمان یک

مسجد محاصره شده اند. و این دو تپه صفا و مروه نامیده شده اند.

زمانیکه محمد هنوز بتپرست بود و پیغمبری خودش را اعلام نکرده بود زمان زیادی را در غار کوه حرا برای نماز و روزه سپری میکرد. در نوشته های اسلامی غار حرا در داخل یکی از آن کوههایی بود که مکه را محاصره کرده بود و دهنۀ غار درست به طرف کعبه بود. ولی غار حرای امروزی در یک کوهی است که از مکه بسیار دور است و روبروی کعبه هم نیست.

پترا بطرف شمالی شهر مدینه است و مکۀ کنونی به طرف جنوبی مدینه. اما کتابهای تاریخی میگویند که قریشیها همیشه از طرف شمال به مدینه حمله میکردند. و در جنگ خندق، مدینه بوسیله خندقی که در میان دو کوه در شمال مدینه بود محافظت شد. همچنین هر گاه که سپاه اسلام میخواست به قریشیها حمله کند به شمال مدینه که بسوی پترا است میرفت نه به طرف مکۀ کنونی که در جنوب مدینه است. به عبارت دیگر، مکۀ واقعی در شمال مدینه بود نه در جنوب آن.

مسجدهای اولیه هم رو به پترا درست شده بودند

بر اساس سنت اسلامی مسجدها باید بسوی کعبه بنا بشوند. مسجدهای اولیه هم از زمان محمد تا سال ۱۰۷ هجری قمری (۷۲۵ میلادی) همه رو به پترا درست شده بودند. ولی بعد از آن به مدت صد سال مسجدهای تازه ساز بخاطر اختلاف بر سر دو کعبه رو به جهتای مختلف بنا شدند. از سال ۱۳۳ هجری قمری (۷۵۰ میلادی) بود که عباسیهای عراق دولت بنی امیه را در سوریه سرنگون کردند و دیگر عراق مرکز حکومت اسلامی شد. بعد از این بود که تمام مسجدها در خاور میانه به سوی کعبهٔ جدید در عربستان بنا شدند.

چگونه این تغییر و تحول از پترا به مکهٔ کنونی صورت گرفت؟

حدود سی سال بعد از مرگ محمد، در سال ۶۳ هجری قمری (۶۸۳ میلادی)، عبدالله ابن زُبیر خود را در پترا بعنوان خلیفه مسلمین اعلام کرد و خلافت یزید را هم خلاف شرع اعلام کرد. تاریخ طبری به ما میگوید که چگونه یزید میخواست او را بکشد و عبدالله هم کعبه را در پترا خراب کرد، حجرالاسود را با خود برداشته به جایی در جنوب عربستان دور از دسترس دولت یزید برد

تا از حملات یزید در امان بماند. عداالله آنجا کعبهٔ جدیدی را بنا کرد و حجرالاسود را هم در آن قرار داد. عبدالله سنت حج را میدانست و آگاه بود هر جا که هجرالاسود باشد همانجا هم کعبه مسلمین خواهد بود.

در این گیرودار سه تن از خلفای بنی امیه در عرض پنج سال یکی پس از دیگری مردند و به این خاطر دستگاه خلافت بنی امیه با مشکلات فراوانی روبرو شد، و نتوانست به دنبال عبدالله برود، تا با او بجنگد و حجرالاسود را به پترا برگرداند. این ضعف دولت بنی امیه باعث شد که عبدالله در تلاش خود برای درست کردن کعبهٔ جدید، قبلهٔ جدید و مرکز حج جدید برای مسلمین موفق باشد.

در سال ۶۸ هجری قمری (۶۸۷ میلادی) مراسم حج به دو جا صورت گرفت. یک گروه به پترا رفتند به امید اینکه روزی حجرالاسود به آنجا برگردانده خواهد شد. گروه دیگر هم به مکهٔ جدید در عربستان رفتند زیرا که حجرالاسود در آنجا بود. در سال ۷۱ هجری قمری (۶۸۹ میلادی) شهر کوفه در عراق بر علیه دولت بنی امیه در سوریه قیام کرده از عبدالله برای گسترش کعبهٔ جدید حمایت کرد. در سال ۹۳ هجری قمری (۷۱۳ میلادی) زمین لرزه ای شهر پترا را آنچنان خراب کرد

که مردم دیگر قادر به زندگی در آن نبودند. بعضی این حادثهٔ طبیعی را تعبیر کرده گفتند که حادثه به خاطر این بود که خدا پترا را دیگر رد کرد و مکهٔ جدید را قبول کرد. در سال ۱۲۸ هجری قمری (۷۳۵ میلادی) زمین لرزهٔ دیگری خرابی بزرگی در سوریه و اردن ایجاد کرد و بخاطر مشکلات فراوان مردم امید خود را از برگرداندنِ حجرالاسود به پترا بکلی از دست دادند. در سال ۱۳۳ هجری قمری (۷۵۰ میلادی) عباسیها دولت بنی امیه را در سوریه سرنگون کردند و بعد از آن مسلمانهای خاورمیانه بسوی کعبهٔ جدید در عربستان نماز خواندند.

کعبهٔ جدید هنوز مخالف داشت

قرمتیان که بر علیه عباسیهای عراق قیام کرده بحرین را گرفته بودند شدیدا مخالف کعبهٔ جدید بودند و سالها زواران آنرا کشتند. حتی در سال ۳۱۳ هجری قمری (۹۳۰ میلادی) به کعبهٔ جدید حمله کردند و حجرالاسود را گرفته با خود بردند و مدت ۲۱ سال آنرا پیش خود نگهداشته به عباسیها پس ندادند. غیبت حجرالاسود سالها مراسم حج را دچار اختلال کرد، تا اینکه دولت عباسی پول هنگفتی به قرمتیان داده حجرالاسود را پس گرفت.

حجرالاسود دیگر یک تکه نبود بلکه شکسته شده به چند تکه تبدیل شده بود.

آیا میبینید که سیاستبازی و اختلاف در اسلام حتی مقدسترین مرکز اسلامی را از پترا در اردن به محل کنونی مکه در عربستان تغییر داد؟ آیا میبینید که اسلام یک استاندارد پایداری ندارد، هر کس هر چه دلش بخواهد انجام میدهد؟ چگونه چنین سیاستِ بیثباتی میتواند بخیر شما باشد؟ نمیتواند.

میخواهم یک بازی سیاسی اسلامی را نیز برای شما بیان کنم و تمام کنم.

پنجمین نمونهٔ سیاستبازی در اسلام آنستکه اسرائیل مال فلسطینیان است نه یهودیها

سورهٔ مائده (۵) در آیه های ۲۱ و ۲۲ میگوید که خدا اسرائیل را برای یهودیان مقدر کرده است و اسرائیل تا ابد به یهودیان تعلق دارد نه به فلسطینیان و یا گروههای دیگر. در سورهٔ اسرائیل (۱۷) در آیهٔ ۱۰۳ هم خدا به یهودیها میگوید که در سرزمین مقدس ساکن شوند و هرگاه هم که زمان موعود برسد او یهودیهای پراکنده در کشورهای دیگر را به اسرائیل باز خواهد آورد.

برخلاف تعالیم قرآن، به شما یاد داده اند که یهودیها اسرائیل را غصب کرده اند. بعضی از رهبران و دولتهای اسلامی میلیونها دلار برای فلسطینیها و حزب الله و دیگر گروههای اسلامی میفرستند که تا با یهودیها بجنگند و اسرائیل را از دست آنها بگیرند، اسرائیلی که قرآن میگوید تا به ابد به یهودیها تعلق دارد.

آیا دلشکننده نیست که هر ساله پولهای هنگفتی بر سر یک دروغ سرمایه گذاری میشود؟ در صورتیکه این پولها میتوانند فقیرهای زیادی را در کشورهای اسلامی به نوا برسانند. آیا دلشکننده نیستکه جوانهای زیادی بخاطر بیخبری از این دروغ و سیاستبازی اسلام برای تروریزم علیه یهودیها بکار گرفته میشوند؟

رهبران اسلامی مسلمانها را با دروغ و فریبکاری و سیاستبازی خود در تاریکی نگهداشته اند. این عمل آنها بهای سنگینی را برای مسلمانها ببار آورده است. شما زمانی میتوانید بر اینگونه فریبکاریها، دروغها و یا بازیهای سیاسی غالب بیایید که بیدار باشید. فقط با ایمان به عیسی مسیح استکه میتوانیم بر دروغ و فریبکاری و بازیهای سیاسی غالب بیاییم.

زمان نظر و اندیشه ۱۸

۱. چگونه گفتار قرآن "خدا بهترین حیله کار است" روی اسلام و پیروانش اثر میگذارد؟

۲. دروغ و حیله در اسلام تحت شرایطی و در غالب تقیّه یا دروغ مصلحت آمیز شرعی شده اند. آیا این به آن معنی نیستکه خدای اسلام به پیروانش یاد میدهد که حیله و دروغ را بکار بگیرند؟

۳. شرعی شدن دروغ و حیله در اسلام در را برای سیاستبازی هم باز گذاشت. لطفا نمونه ای از این سیاستبازی را بیان کنید که مانع یک ارتباط صمیمی و صلح آمیز میان مسلمانان شد.

۴. چگونه شرعی شدن حیله و دروغ در اسلام باعث بیثباتی سیاست و باورهای خود اسلام شد؟

۵. به نظر شما آیا لازم نیستکه مردم از باوری پیروی کنند که حیله و دروغ را در هر غالبی رد کرده به آنها یاد میدهد که زندگی خود را روی ارزشهای عالی بنا کنند؟

۶. چه اتفاقی خواهد افتاد اگر مسلمانها از بهترین ارزشهای زندگی بیخبر بمانند؟

۷. آیا احساس مسئولیت میکنیم که در میان مسلمانها بیداری ایجاد کنیم؟

آرامشِ آزاد شدن از بلوف زدنها، دروغها و بازیهای سیاسی

واقعا درد آور است زمانیکه کسی شما را گول میزند و یا اینکه حقیقت را از شما پنهان میکند. همچنانکه دروغ و حیله های دیگران باعث ناراحتی ما میشوند، به همان اندازه هم دروغ و حیله های ما برای دیگران درد آورند. آنها هر کسی را رنجور میکنند. راه حل هم اینستکه اول ما از آنها دوری کنیم قبل از اینکه از دیگران توقع داشته باشیم تا از آنها دوری کنند.

هم فرد ما و هم خانواده هایمان از درد سر آرام خواهیم شد اگر خود را از هر نوع دروغ و حیله و سیاستبازی دور نگه داریم و زندگی خود را بر صداقت و راستی بنا کنیم. واقعیت امر اینستکه هر چقدر که از حیله و دروغ کم بشود به همان اندازه هم امنیت در خانه و در اطرافمان زیاد خواهد شد. حیله و دروغ یک نوع تجاوز به حقوق دیگران است.

به همین منظور ما نیاز داریم از آن باوری پیروی کنیم که نه فقط میتواند ما را از بلوف زدن، دروغ گفتن و حیله کردن به دیگران دور نگهدارد بلکه ریشهٔ آنها را

هم در دلهای ما قطع کند تا اطرافیانمان هم از دست ما در امان باشند.

چگونه میتوانید از سیاستبازی راحت بشوید؟

در بحث قبلی برایتان بیان کردم که چگونه تظاهر، دروغ، حیله و سیاستبازی در اسلام ریشه گرفتند و چه مشکلات و هزینه های سنگینی را از بَدو پیدایش اسلام تا کنون برای مسلمانها ببار آورده اند. چگونه میتوانید خودتان را در مقابل این نوع روشـهـای غیر اخلاقی که پاره هایی از باورهای اسـلامی هسـتند راحت کنید؟ نمیتوانید، مگر اینکه از اسـلام دوری کنید. برای اینکه اسلام اجازه داده است که آنها در همه جای زندگی ریشه بکنند.

قرآن میگوید که خدا حیله گرتر از همه اسـت، و دروغ را هم تحت شرایطی جایز کرده است. این خودش میتواند راه را برای پیروان اسـلام باز بگذارد که دروغ و حیله های خود را توجیه کنند و بگویند که، «اگر خدا اجازه داده است که آنها پاره هایی از نقشـۀ خود او بشـوند پس چرا ما آنها را جزء زندگی خود نکنیم؟»

پس میبینید که تا چه اندازه یک باور و یا دین ناخالص میتواند بر زندگی و فرهنگ شما اثر بگذارد و شما را از

فایده های یک زندگی راحت و آرام و خوب محروم بکند. و تا چه اندازه هم یک باور خوب میتواند باعث آرامی شما بشود.

آیا تا بحال خودتان تجربه کرده اید و یا اینکه در زندگی دیگران دیده اید که چگونه دروغ، حیله، بلوف و یا هر عمل غیر انسانی دیگر آرامش را از شما و دیگران گرفتند و رابطه ها را تلختر کردند؟ هر کلکی که به دیگران زده میشد، آن کلک راه را میتواند برای دیگران هم باز بکند تا معامله به مثل بکنند. بعد از آن، هر دو طرفِ مقابل نزد همدیگر بی اعتبار خواهند شد. و آن بی اعتباری هم صلح و آرامش را در میانشان از بین خواهد برد.

بی اعتباریِ ناشی از دروغ و کلک، محبت و آرامش و دوستی حقیقی را در بسیاری از خانواده ها ناپدید کرده است. در این نوع خانواده ها عضوها یاد میگیرند که زندگی بدون کلک پیش نمیرود. زن و شوهر، فرزندان و والدین دیگر ماهر میشوند که کجا و با چه زیرکیِ خاصی دروغ بگویند و سر همدیگر کلاه بگذارند. آیا غم انگیز نیستکه انسانها بجای اینکه زمانهای خودشان را برای صداقت سرمایه گذاری کنند برای حیله و دروغ

میگذارند؟ حالا حسابش را برسید که تمامی یک اجتماع، از سر تا پا، گرفتار این نوع زندگی بشود!

دلیری برای آزاد شدن و غلبه بر تاریکی

من هیچگاه فراموشم نمیشود که یکی از استادان حقوق در کلاس درسمان در تهران با ناراحتی گفت که: «من نمیدانم چرا رشوه در کشورمان قانونی نمیشود مادامکه دستهای بسیاری در رشوه دادن یا گرفتن بازست؟» او همچنین گفت که: «چرا ما این تکلیف و مشق روزانه امان را به دنیای بیرون فاش نمیکنیم و به آنها نمیگوییم که هیچ روزی در زندگی ما نیستکه بدون دروغ و کلک به پیش برود تا آنها هم تصور درستی از زندگی و عادتهای ما داشته باشند؟» بیچاره با سوز دل اینها را میگفت.

این زندگی ای استکه در تمام کشورهای اسلامی دیده میشود آنهم بخاطر تاثیر شرعیات غیر اخلاقی اسلامی. زمانیکه آدم به کشورهای غیر اسلامی میرود فکر و خیالش از حیله و دروغ و سیاستبازی به مراتب راحتتر میشود. در کشورهای اسلامی دروغ گفتن و کلک زدن عادی شده است. همانطور که یک هموطنی گفت: «ما

اول همدیگر را برادر صـــدا میکنیم و بعدا هم برادروار سر همدیگر کلاه میگذاریم.»

من واقعا شجاعت آن مردان و زنان را از ته دل تحسین میکنم که تاریکیهای فرهنگ و جامعهٔ خود را دیده، آنها را به رو میاورند و برای پیدا کردن نور هم فداکاری میکنند تا آن تاریکی را با نور نابود بکنند. برای این افراد مشکل نیستکه اسـلام را ترک بکنند تا بدنبال راه بهتری برای زندگی مادی و روحانی خود باشند.

آیا آرامبخش نخواهد بود که انسـان از چنان زندگی ناخوشـایند راحت بشـود، نور واقعی را پیدا کرده در آن راه برود و مانند چراغی هم که بر بلندی یک کوه اسـت بدرخشد و هر کسی را از نورش بهرمند بکند؟ هر کسی را، ترا، خانواده ات را و دیگران را. برایت بسیار بسیار آرامبخش و صـلح آمیز خواهد بود اگر عوض بشـوی و نمونهٔ تابناکی هم برای خانواده ات بشوی، بجای اینکه از یک باور تاریکی پیروی کرده، نمونهٔ تاریکی بشـوی، و دروغ و کلک هم به خانواده ات یاد بدی. آن لحظه برایت بسیار شگفت انگیز خواهد شد وقتیکه زندگی ات عوض میشـود و میتوانی بگویی که: «آه، دیگر راحت شـده ام. حالا دیگر "آرهٔ" من "آرهٔ" واقعی اسـت، "نهٔ" منهم "نهٔ" واقعی. چونکه دیگر الگوی من نورسـت نه تاریکی،

یکرویی است نه دورویی؛ دیگر لازم نیستکه با کلمات بازی کنم.»

اینها چیزهایی هستند که یک باور درست میتواند برایتان انجام بدهد. آن باور نه اینکه دروغ و کلک را به شما یاد نمیدهد، بلکه ریشهٔ آنها را هم در دلتان میبرد تا به یک انسان آسمانی تبدیل بشوید و مثل یک شاهزاده و یا ملکهٔ آسمانی هم زندگی کنید. بله، مثل یک وجود آسمانی. آنگاه قادر خواهید بود که با خدای حقیقی راه بروید، بعنوان نماینده اش هم در میان مردم بدرخشید و مثل یک نور در میان آنها عمل کنید. معنی یک زاهد حقیقی همین است، نه او که دروغ مصلحت آمیز را رواج میدهد.

اسلام مانع آزاد شدن از بلوف زدنها، دروغها و بازیهای سیاسی است

من صد در صد مطمئنم که اسلام یک مانع بزرگی است و نمیگذارد که شما با خدای حقیقی راه بروید. دینی که خدا را حیله گر بخواند و خلقت دروغ هم را به خدا نسبت بدهد آن دین مانع اتحاد با خدای حقیقی میشود. بخاطر آن بود که من اسلام را ترک کردم و پیرو عیسی مسیح شدم.

من آرزو داشتم که هم در خانواده ام و هم با دیگران رابطهٔ صمیمی و صلح آمیزی داشته باشم، ولی باورم

راه را از هر جهت بسته بود. اسلام با تقیه و با دروغ و کلکهای مصلحت آمیز خودش مانع دوستی و آرامش واقعی برای من بود. من به یک زمانی رسیدم که این چیزها را در اسلام دیدم و دیگر تمایلی به پیروی از آن نداشتم. ولی بخاطر مجازات اسلام نتوانستم این موضوع دلم را با همسرم، با خانوادهٔ دور و نزدیکم، دوستان و دیگران در میان بگذارم.

اسلام با شما مثل یک آدم زنجیری برخورد میکند. به آزادی شما اعتقاد ندارد و اجازه نمیدهد که شما آنرا ترک کنید (سورهٔ آل عمران (۳) آیهٔ ۵۶ و سورهٔ نساء (۳) آیهٔ ۸۹). شما در اسلام فقط دو تا شانس دارید، اعتراف کنید و بمیرید یا اینکه دروغ بگویید و زنده بمانید. به همین جهت استکه مردم در کشورهای اسلامی رفته رفته همرنگ رهبران و جماعت شده، دروغ میگویند که تا زنده بمانند. «خواهی نشوی رسوا همرنگ جماعت شو»، این گفتهٔ مشهور ایرانیان از همین فشار و دیکتاتوری اسلام استکه سرچشمه گرفته است.

ولی خوشبختی درِ مرا زد آنهم فقط زمانیکه من پی بردم که باید راهی پیدا کنم و خودم را از زنجیر اسلام که راحتی را از من گرفته بود آزاد کنم. من در درون خود تشنهٔ صلح و آرامش و آزادی بودم. آن تشنگی درون من

مرا هدایت کرد که بدنبال راه حل بگردم تا در دل خود بر فشارهای اسلام غالب بیایم و به آرامی برسم.

اگر بخواهید میتوانید آزاد بشوید

شما میدانید که، اگر دنیا را داشته باشید ولی اگر در دل خود صلح و آرامش نداشته باشید، احساس میکنید که هیچ چیزی ندارید. آن زمان استکه بیدار شده میخواهی کاری بکنی که تا آرامش به درونت بیاید. آنگاهستکه بیادت میاید و به خودت میگویی که: «خواستن توانستن است.» به عبارت دیگر، اگر آرزوی رسیدن به چیزی را داری، باید بلند بشوی، قدم برداری تا بلکه آنرا بدست بیاری.

من برای صلح و آرامش خود قدم برداشتم، آنگاه صلح و آرامش بسوی من دویدند. اگر شما از زندگیِ بهم ریخته خود بیرون بیایید و یک قدم برای پیدا کردن سروَر صلح و آرامش یعنی عیسی مسیح بردارید، او صد قدم به طرف شما برخواهد داشت. هر کلمۀ انجیل عیسی مسیح برای شما قدمی بسوی صلح و آرامش و آزادی و حکمت میشود. بخاطر اینستکه انجیل میگوید، کلامش تا عمقهای روح و نفس و مفاصل و مغز استخوانها هم نفوذ میکند. این چیزی بود که در زندگی من اتفاق افتاد.

من نیاز مبرم داشتم که به عیسی مسیح و انجیل او اجازه بدهم که نور زندگی من بشوند و چنین تغییراتی را در زندگی من ایجاد کنند. انجیل در کتاب اول یوحنا باب ۲ آیۀ ۲۱ میگوید که: هیچ دروغی از راستی نمیاید. آیا متوجه شدید که انجیل چی میگوید؟ میگوید که: هیچ دروغی از راستی نمیاید. یعنی اینکه در راستی هیچ جوهر دروغین نیستکه تا دروغ تولید کند. این گفته برای من دنیایی از حکمت بود.

وقتیکه اینرا خواندم متوجه شدم که اسلام بخاطر شرعی کردن دروغ و کلک نمیتواند از راستی باشد. دروغ و کلک دشمن یک رابطۀ صلح آمیز هستند و نمیتوانند از راستی باشند؛ و نمیتوانند از خدا باشند.

پیامبر سلیمان در کتاب امثال خود باب ۱۲ آیۀ ۲۲ میگوید که: «لبهای دروغگو نزد خداوند مکروه، اما عاملان راستی پسندیدۀ او هستند.» خدای حقیقی از بلوف زدن، از دروغ گفتن و از هر گونه زبان بازی و سیاستبازی نفرت دارد. چرا؟ برای اینکه دل خدا برای صلح و دوستی میتپد، ولی اینگونه گفتارها و کردارهای غیر اخلاقی نمیگذارند که بین تو و خدا، و تو و دیگران صلح و رابطۀ صمیمی ایجاد بشود.

آیا میخواهید که پسندیدهٔ خدا بشوید و او را خوشحال کنید؟

من نه اینکه آرزو به داشتن صلح در دل خود، در خانوادهٔ خود و در رابطه ام با دیگران داشـــتم، بلکه در آرزوی صـــلح با خدا هم بودم. آنگاه، همچنانکه ســـلیمان گفت، میتوانســـتم فرد پســـندیدهٔ خدا بشـــوم تا او هم از وجود من خوشحال بشود. هیچیک از این چیزهای خوب در زندگی من اتفاق نمیافتاد اگر مســـلمان باقی میماندم. ولی بعد از آنکه دل خود را به عیســـی مســـیح دادم همهٔ آن چیزهای خوب در زندگی من اتفاق افتادند. نور عیسی مسیح تمام آن چیزهای خراب کننده را در من به من نشـــان داد، و بعد ریشـــهٔ آنها را برید، و بعد هم مرا به منبع محبت، قدوسیت، صلح و آرامش وصل کرد.

این تغییر بزرگ در زندگی من خانممرا هم به شـــگفتی آورد و او هم شروع به خواندن انجیل عیسی مسیح کرد. در نتیجهٔ این، او هم دل خود را به عیســـی مســـیح داد. خانمم درک کرد که با وجود اســـلام ولی بدون حضـــور عیســـی مســـیح ممکن نیســـتکه یک رابطهٔ صـــمیمی و آرامبخش بین زن و شـوهر ایجاد بشـود. با خواندن انجیل خیلی چیزهای دیگر هم برایش آشکار شد. بعنوان نمونه، خانمم در انجیل خواند که مسیح گفت: هر مردی باید یک

زن داشته باشد، و زن و شوهر باید همدیگر را مثل بدنهای همدیگر دوست داشته باشند. این گفتار عیسی مسیح خیلی به دلش نشست و به خودش گفت: «یک زن و یک شوهر، زیباست، حرف نداره.» هر چیزی برایش روشن شد و پی برد که زن و شوهر، دولت و ملت نمیتوانند با هم رابطهٔ خوب و صلح آمیز داشته باشند اگر از دینی پیروی کنند که باعث رواج دروغ و کلک شرعی بشود. ایشان هم مثل من از اسلام دست کشیده پیرو عیسی مسیح شدند.

شکی ندارم که شما هم در ته دل خود آرزوی راحت شدن از هرگونه گفتار و کردارهای نادرست را دارید و میخواهید که زندگیتان پر از صلح و آرامش و رابطه های صمیمی بشود. اگر چنین است، پس باید اجازه بدهید که آن آرزو به عمل و واقعیت تبدیل بشود تا به زندگیتان آرامی بیاورد و عوامل نابود کنندهٔ آرامی را هم از زندگیتان بیرون بکند. برای این، شما هم نیاز دارید که مثل من از عیسی مسیح پیروی کنید. یقین بدایند که هیچکس دیگری بجز عیسی مسیح نمیتواند به دل شما آرامش و صلح واقعی را بدهد.

زمان نظر و اندیشه ۱۹

۱. آیا فکر نمیکنید که هر نوع بلوف زدن، دروغ گفتن و یا بازی سیاسی باعث نقض حقوق و آزادی دیگران میشوند؟

۲. فرض کنیم که به افراد دیگر کلک میزنیم. آیا آن کلک روی ما و خانوادۀ ما هم اثر منفی میگذارد یا نه؟

۳. تا چه اندازه برایتان مشکل خواهد شد که خود و خانواده اتان را از بلوف زدنها، دروغها و بازیهای سیاسی دور نگهدارید، اگر دینتان آنها را تحت شرایطی جایز کرده باشد؟

۴. انجیل عیسی مسیح میگوید که: "هیچ دروغی از راستی سرچشمه نمیگیرد." برای شما این گفته تا چه اندازه ارزش روحانی و منطقی دارد؟

۵. به چه طریقی میتوانیم از گفتارهای صادقانۀ عیسی مسیح تقدیر کنیم؟

نجات دهندهٔ دیگری بجز عیسی مسیح نیست

انجیل عیسـی مسـیح در کتاب اعمال رسـولان باب ۳ آیه های ۱۰تا ۱۲ میگوید که هیچ نامی بجز نام عیسی مسیح نیست که تا بوسیلهٔ آن ما بتوانیم نجات پیدا کنیم.

دلایلی که عیسی مسیح نجات دهنده است

چرا نجات انسانها به عیسی مسیح محول شده است؟ آیا ما دلیلی برای این ادعا داریم؟

انجیل به ما یاد میدهد که ما باید حقیقت را شـخصـا بشناسیم و کورکورانه به دنبال عیسی مسیح نرویم، بلکه باید برای پیروی از او و برای ادعاهایمان دلیل داشـته باشـیم. خیلی از انسـانها در دنیا بخاطر والدینشـان، و یا قوم و خویشـانشـان از یک دینی و یا باوری پیروی میکنند. ولی آرزوی خدا اینستکه ما با دانش به اینکه یک باوری درست است از آن پیروی کنیم و برای درستی آن دلیل هم داشته باشیم. اگر اینطور است، پس دلیل من چه هست؟ چه شد که من به گفتهٔ انجیل ایمان آوردم؟ چگونه قانع شدم که عیسی مسیح تنها نجات دهنده است؟

عیسی مسیح صد در صد اطمینان نجات میدهد

اولین دلیل من برای پیروی از عیسی مسیح اینستکه او در دل من اطمینان ایجاد کرد که با ایمان آوردنم به او وارد اتحاد با خدا خواهم شد، مال خدا خواهم بود تا ابدالاباد هم با خدا خواهم بود. قبل از اینکه به عیسی مسیح ایمان بیاورم، منهم مثل همهٔ مسلمانها در مورد آیندهٔ خود در اسلام نگران بودم. آرزو داشتم که بر آن بی‌اطمینانی ای که اسلام برای من به ارث گذاشته بود پیروز بشوم.

قرآن میگوید که همهٔ مسلمانها از آیندهٔ خود بی‌خبرند. محمد بارها و بارها گفت که در مورد آینده اش اطمینانی نداشت. این واقعا در دل من یک نگرانی ایجاد کرده بود. اسلام از من میخواست هر چه که خدایش گفته بود بجا بیاورم، و از محمد پیروی کنم ولی همهٔ تلاشهای من برای یک آیندهٔ نامعلوم بود. تنها چیزی که یاد گرفتم آن بود که فقط خدا میداند؛ اللهُ اعلم.

خدای اسلام مردم را به دینش دعوت میکند و به مسلمانها وعده میدهد که اگر کاری بکنند که اعمال نیکشان از اعمال بدشان بیشتر باشند ممکنست که به بهشت بروند، ولی هیچگاه به هیچ مسلمانی، حتی محمد، قول صد در

صد نمیدهد که افزونی اعمال نیکشان آنها را به بهشت خواهد برد یا نه.

ولی با خواندن کتابهای مسیحی متوجه شدم که اگر خدا خدای حقیقی و مهربان است باید مهربانیش را در زندگی روی زمین به من ثابت کند. او مهرش را زمانی میتواند به من ثابت کند که به من اطمینان صد در صد بدهد که از لحظه ای که من پیرو او میشوم تا ابد مال او و با او خواهم بود و دیگر هیچ نگرانی ای در مورد آینده و جهنم نخواهم داشت.

همچنانکه قبلا هم گفته ام، دلسوزی خدا زمانی برای من قابل فهم استکه او مرا از سردرگمیم در مورد آینده ام نجات بدهد. اطمینان روحانی من باید در مرکزیت باور خدای حقیقی قرار بگیرد، وگرنه آن باور بدرد من نمیخورد. من امروز نیاز دارم که به اصل خود برگردم و از نگرانی نجات پیدا کنم. من هم اکنون نیاز دارم که به خدای محبوب خود برسم و از جدایی راحت بشوم. یک چنین توقعی از خدا چیزی نیستکه بیشتر از توان خدا باشد. برای خدا مثل آب خوردنست که انسانرا از عالم گناه بگیرد و وارد دنیای نیک خودش بکند. اگر شیطان قادر بود که انسان را در این زندگی از خدا دور بکند، خدا توانی بیشتر از شیطان دارد که انسانرا در

همین زندگی به اصل خودش برگرداند و برای ابد او را آرام بکند.

خدای حقیقی و دلسوز هرگز از مردم نمیخواهد که برای یک آیندهٔ نامعلومی به او اعتماد کنند. در واقع رسالت اصلی و اولین خدا اینستکه مردم را از هر نوع سردرگمی در مورد زندگی حال و آینده آزاد بکند، اعتماد آنها را بدست بیاورد تا آنها هم با دلی پر از اطمینان پیرو او بشوند. در زندگی روزمرهٔ ما هم همینگونه است. ما هیچگاه به کسی که اعتبارش را برای ما ثابت نکرده باشد اعتماد نمیکنیم. ما هرگز دوست نداریم کسی که آیندهٔ نامعلومی دارد راهنمای ما بشود. در مورد اسلام هم باید همینگونه باشد. به اسلام نباید اطمینان کرد.

بی اطمینانی روحانی بزرگترینِ مشکل در اسلام است. اسلام مردم را در مورد آینده اشان بلا تکلیف میگذارد، و با وجود این به آنها زور هم میکند که از آن تبعیت کنند. متاسفانه در اسلام تسلیم شدن از نجات یافتن و اطمینان پیدا کردن بیشتر اهمیت دارد. اینجاست که ضعف بزرگ قرآن در مقایسه با انجیل عیسی مسیح آشکار میشود. قرآن اطمینان نجات ندارد ولی انجیل به پیروانش صد در صد اطمینان نجات میدهد.

انجیل میگوید که اگر از عیسی مسیح پیروی کنید شما از هم اکنون تا ابدالاباد نجات خواهید داشت. ولی قرآن میگوید که اگر از محمد پیروی کنید نه اکنون نجات دارید و نه یقین دارید که در آینده نجات پیدا خواهید کرد.

بنابرین، با پیروی از عیسی مسیح من قادر شدم که دلسوزی خدا را در زندگی روی زمین خود تجربه کنم، نجات یابم و برای نجات ابدی خود هم یقین داشته باشم. بخاطر این باور کردم که عیسی مسیح تنها نجات دهنده است و دل خود را هم بخاطر این به او دادم.

عیسی مسیح بر شیطان پیروز شد، اکنون در آسمان است و نیز راه نجات به آسمان است

دلیل دوم من از اینکه به عیسی مسیح اعتماد کردم بخاطر مقام روحانیِ بالای اوست که تا کنون هیچ پیغمبری و یا رهبرِ دینی در دنیا چنین مقام روحانی ای نداشته است. این مقام روحانی پر افتخار عیسی مسیح چه هست؟ عیسی مسیح روح و کلمۀ خداست. او با آن روح بر شیطان پیروز شد و به آسمان صعود کرد. او در آسمان است، راه آسمان را میداند، خودش راه آسمان است و میتواند هر کسی را که پیرو او بشود به آسمان ببرد. به همین دلیل دلم را به او سپردم.

بگذارید ببینیم که قرآن مقام روحانی محمد را به چه نحوی بیان میکند:

سورهٔ اعراف (۷) در آیهٔ ۱۸۸ از زبان محمد میگوید که: «من قادر نیستم بخود سودی و یا ضرری برسانم مگر آنچه را که خدا بخواهد. من اگر علم غیب داشتم و خدا را میشناختم به خود سود زیادی میرساندم و این همه ضرر حاصلم نمیشد ....»

پس محمد به مسلمانها میگوید که نه اینکه او قدرتی نداشت تا خودش را از دست شیطان رهایی بدهد بلکه شیطان بخاطر ناآگاهی او از خدا و بخاطر نداشتن علم غیب راه پاداش را هم بروی او بست و به این وسیله به او زیان رساند.

سورهٔ انعام (۶) در آیهٔ ۶۸ و سورهٔ حج (۲۲) در آیهٔ ۵۲ میگویند که شیطان در نبوت محمد دخالت کرد و باعث شد که او آیه هایی را که از خدایش گرفته بود فراموش کند.

پس قرآن شهادت میدهد که محمد از دخالت و ضرر شیطان در امان نبود. یک چنین انسانی چگونه میتواند دیگران را به سوی امنیت هدایت کند در صورتیکه خودش از دست شیطان در امان نیست؟ اسلام چگونه

میتواند راه امنی برای مردم باشد در صورتیکه برای محبوب خودش محمد نبود؟

حالا، لطفا توجه کنید و ببینید که انجیل در مورد عیسی مسیح چه میگوید:

در کتاب متی باب ۱۲ آیه های ۱۸ تا ۲۱ خداوند میگوید که روحش بر عیسی مسیح است و از او بسیار خوشنود است که شیطان را برمیاندازد تا مردم به خاطر این پیروزی به او اعتماد کنند.

پس بر اساس انجیل، عیسی مسیح قادر است که بر شیطان غالب بشود، کار گناه و شیطان را در زندگی اتان نابود کرده نجاتتان بدهد و به این ترتیب اعتماد شما را تا ابدالاباد کسب کند.

انجیل باز هم در کتاب اول یوحنا باب ۳ آیهٔ ۸ میگوید، دلیلی که عیسی مسیح ظاهر شد این بود که کار شریر را نابود کند. و در کتاب کولسیان باب ۲ آیه های ۱۳ تا ۱۵ میگوید که، تا با صلیب بر شیطان پیروز گردد.

پس، بنا بر انجیل حضور عیسی مسیح در زندگی روزانهٔ ما برابر با پیروزی ما بر شیطان است. ولی قرآن در مورد محمد از چنین پیروزی روحانی سخنی نمیگوید.

عیسی مسیح در انجیل میگوید که تمام قدرت در آسمان و زمین به او داده شده است. قدرت در زمین برای برانداختن دولت شیطان، یعنی برای نجات دادن و آسمانی کردن ما انسانها؛ قدرت در آسمان هم برای برداشتن ما به آسمان. چه کسی و کدام پیغمبری تا کنون چنین مقام روحانی پیروزمند و با عظمتی داشته است؟ هیچ کسی. بخاطر اینستکه بجز نام عیسی مسیح نام دیگری نجات دهنده نیست.

در کتاب یوحنا باب ۱۶ آیهٔ ۳۳ عیسی مسیح میگوید که: «من این چیزها را به شما گفتم که تا شما در من آرامی و صلح داشته باشید .... من بر دنیا غالب آمده ام.» به عبارت دیگر، اگر میخواهید که اطمینان ابدی داشته باشید از من (عیسی) پیروی کنید.

و در کتاب یوحنا باب ۱۳ آیه های ۲ و ۳ عیسی مسیح دوباره میگوید که: «من به آسمان میروم که تا برای شما جا آماده کنم .... دوباره خواهم آمد که شما را هم با خود ببرم، تا در آنجایی که من هستم شما هم باشید.»

حالا این عیسی مسیح را با محمد اسلام مقایسه کنید:

مقایسهٔ اول اینستکه، عیسی مسیح توان دارد که شیطان را سرنگون بکند ولی براساس قرآن محمد بر شیطان تسلط ندارد.

مقایسهٔ دوم اینستکه، عیسی مسیح در آسمان است ولی بر اساس قرآن محمد در آسمان نیست.

پس وجدانا امیدتان را به کدام نامی نیاز دارید که ببندید؟ آشکارست که به نام عیسی مسیح. اگر عیسی مسیح بر شیطان غالب نمیامد نمیتوانست خودش به آسمان برود و ما را هم به آنجا ببرد. رهبران همهٔ ادیان مردند و در زمین دفن شدند و بدنهایشان هم پوسید، ولی عیسی مسیح زنده و در آسمان است، زیرا که او بر شیطان پیروز شد.

نظر به اینکه محمد نتوانست در زندگی روی زمین خود بر شیطان پیروز بشود بخاطر این بود که خدای او در فکر پیروزی روحانی او نبود. اگر بود آنگاه محمد هم مثل مسیح میبایست پیروز میشد و به آسمان میرفت تا خاطر پیروانش را در مورد آینده اشان آسوده بکند. ولی متاسفانه نه خود محمد آسودگی روحانی بدست آورد و نه توانست راحتی روحانی ای برای پیروانش بجا بگذارد. تنها پیروزی ای که محمد در زندگی اش داشت پیروزی در جنگها بود. تمام قبایل عرب و غیر عرب را در شبه

جزیرهٔ عرب فتح کرد، غنایم و اسرای زیادی بدست آورد و همه را مسلمان هم کرد. اما چه سودی دارد که آدم پیروان زیادی داشته باشد و تمام دنیا را هم بگیرد ولی از آخرت خودش اطمینانی نداشته باشد؟

به عیسی مسیح توکل کنید

عیسی مسیح در فکر پیروزی روحانی و ابدی مردم است. حالا شما هم مثل من دلیل دارید که چرا جز نام عیسی مسیح نام دیگری نجات دهنده نیست تا به او توکل کنید و در او پناه هم بگیرید. اگر بگذارید که عیسی مسیح فرماندهٔ روحانی شما هم بشود، آنگاه شما هم بر شیطان غالب شده مثل او آسمانی خواهید شد. به او میتوانید توکل کنید زیرا که او زنده است. او میتواند آسمان را برای شما بیان کند چونکه خودش در آسمان است. او همچنین میتواند شما را به آسمان ببرد چونکه راه را میداند و او خودش راه هست. بجز عیسی مسیح هیچکس دیگری نجات دهنده نیست.

زمان نظر و اندیشه ۲۰

۱. نظر به اینکه با ازادی اختیار خلق شده ایم و یا اینکه آزادی اختیار داریم، آیا مسئولیم که ادعاها و یا وعده ها اطرافمان را سبک سنگین کنیم؟

۲. بسیاری از باورها در دنیا یا ارثی هستند و یا اینکه تحمیلی. به نظر شما راه درست داشتن یک باور چیست؟

۳. اگر شیطان قادر است که انسانها را در زندگی روی زمین از خدا جدا کند، آیا خدا ضعیفتر از شیطان استکه نتواند کار شیطان را بر روی زمین نابود کند و انسانها را نجات داده و آنها را از هم اکنون مال آسمان و یا بهشت قرار بدهد؟

۴. به چه دلیلی انجیل میگوید که بجز عیسی مسیح نجات دهندۀ دیگری برای انسانها نیست؟

۵. آیا دلیلی استکه از عیسی مسیح پیروی نکنیم در صورتیکه او صد در صد اطمینان نجات میدهد؟

عیسی مسیح راه و راستی و حیات است

عیسی مسیح در انجیل میگوید که: «من راه و راستی و حیات هستم و جز بوسیلهٔ من کسی نمیتواند به پدر بیاید.» عیسی مسیح میخواهد بگوید که اگر کسی میخواهد با خالق خودش متحد بشود نیاز دارد که به او ایمان بیاورد و از او پیروی بکند.

همهٔ آنهایی که به وجود خدا باور دارند آرزو دارند که در دل خود برای پیوند و وصلت ابدی با خدا اطمینان داشته باشند. عیسی مسیح این اطمینان آرامبخش را که هیچکسی تا کنون به مردم نداده است میدهد، و میگوید که خودش راه اتحاد با هستی است و میتواند مردم را برای ابد به آسمان ببرد.

عیسی مسیح راه به آسمان است

عیسی مسیح مانند یک پیامبر نمیگوید که اگر اینرا و یا آنرا بجا بیاوری شاید به آسمان بروی. او میگوید که خودش راه رسیدن به آسمان است. اگر به او ایمان بیاوری حتما وارد آسمان خواهی شد. پیامبران فقط قادر بودند که راه را توضیح بدهند و بیش از آن توانی نداشتند. ولی عیسی مسیح در جلوی چشمان شاگردانش و صدها نفر دیگر به آسمان صعود کرد و ثابت کرد که او

خودش آن راه است. به همین جهت شاگردانش به او ایمان آوردند و به مردم هم تعلیم دادند که عیسی مسیح همانگونه که خود به آسمان رفت همانگونه هم پیروانش را به آسمان خواهد برد.

گفتار انجیل را در یک از بحثهای قبلی خود برای شما بیان کردم که چگونه روح خدا از آسمان آمده از طریق مریم باکره به عیسی مسیح تبدیل شد. کتاب انجیل به ما میگوید که عیسی مسیح از آسمان آمد و به آسمان هم برگشت. این چیزی است که قرآن هم از انجیل قرض گرفته در بعضی جاها از جمله سورهٔ مریم (۱۹) در آیه های ۱۷ تا ۱۹ بیان کرده است.

پس نظر به اینکه عیسی مسیح از آسمان آمد، به آسمان برگشت و اکنون هم در آسمان است، بنابرین نه اینکه او از نظر روحانی تنها راه به آسمان است بلکه از نظر منطقی هم تنها راه است. اگر ما بخواهیم که از جهنم نجات پیدا کنیم و برای ابد به خالق خود بپیوندیم آنگاه نیاز داریم که به عیسی مسیح اعتماد کرده از او پیروی کنیم.

آیا نباید آنکسی که خبر خوش میدهد خودش هم نمونه ای از آن خبر خوش باشد؟ پیامبر اسلام گفت که پیروانش

شاید شانس به آسمان رفتن را داشته باشند. ولی خودش نه از رفتن به آسمان اطمینان داشت و نه اینکه مانند مسیح توانست به آسمان صعود کند. در واقع، پیروان محمد بعد از مرگ او مراسم دفن او را به تعویق انداختند و گفتند که او لایق خوابیدن در زیر خاک نیست. آنها انتظار داشتند که او هم مانند مسیح به آسمان صعود کند. ولی اتفاقی نیفتاد. در نتیجه یکی از جانشینانش به مردم گفت که محمد هم نمونه ای از خود آنها بود و باید طعم مرگ را میچشید. بعبارت دیگر، محمد مثل عیسی مسیح نبود که از مرگ برخیزد و به آسمان صعود کند. پس هیچ کسی مانند عیسی مسیح خبر خوش نجات نیست. او بر مرگ غالب آمد و اکنون بر کرسی آسمان نشسته قادر است‌که همهٔ ما را مثل خودش آسمانی کند اگر از او پیروی کنیم. او راه نجات است.

عیسی مسیح همچنین گفت که او راستی است

ما قادر نخواهیم بود این ادعای عیسی مسیح را درک کنیم قبل از اینکه بدانیم راستی چه هست. تعریف راستی اینستکه چیزها را همانگونه که هستند بیان میکند. راستی هرگز چیزها را بر خلاف طبیعت و شخصیت آنها بیان نمیکند. راستی به سیاه نمیگوید که سفیدست، یا اینکه سفید سیاهست. مثلا، راستی هیچگاه دروغ و حیله را به

خدا نسبت نمیدهد، زیرا که خدا در طبیعت خود عادل و از هر گونه دروغ و حیله بدور و پاک است. عیسی مسیح در انجیل خود هیچگاه خدا را دروغگو و حیله گر صدا نمیکند. اما محمد در قرآن میگوید که خدا حیله گرتر از همه است و دروغگفتن را هم تحت شرایطی مجاز میداند.

من در درسهای قبلی به شما نمونه دادم که قرآن دروغ و حیله را برای گسترش اسلام مجاز میداند. در اسلام شما حتی میتوانید برای نابودی مخالفان خود و یا غیر مسلمانان شهادت دروغ بدهید. این چیزها در انجیل عیسی مسیح اکیدا ممنوع هستند. شما اجازه ندارید که دروغ بگویید و یا اینکه شهادت دروغ بر علیه کسی، حتی دشمن خود، بدهید. زیرا که راستی به هیچ عنوانی دروغ را رواج نمیدهد.

انجیل در کتاب یعقوب باب ۳ آیه های ۱۰ تا ۱۲ میگوید که: نباید از یک دهان هم برکت ببارد و هم لعنت. آیا از یک چشمه هم آب شیرین بیرون میاید و هم آب تلخ؟ ای برادران، آیا درخت انجیر زیتون و یا بوتۀ انگور انجیر ببار میاورد؟ از هیچ چشمۀ آب شیرین آب شور بیرون نمیاید.

از این حکمت عظیم انجیل عیسی مسیح نتیجه میگیریم که اگر درستی سرچشمهٔ دلهای ما باشد، زبانهای ما نیز باید از درستی سخن بگویند و شهادت بدهند. ولی اگر دروغ بگوییم و حیله بکار بگیریم آنگاه مشخص است‌که شرارت چشمهٔ دلهای ماست نه درستی.

لبهای خداوند نیز حکایت از دل او میکنند. دل خدا سرچشمهٔ درستی است. هیچ جوهر دروغ و حیله در دل خداوند نیست؛ به همین دلیل هم او نه دروغ و حیله بکار میگیرد و نه اینکه کسی را راهنمایی میکند که دروغ و حیله را بکار ببرد. بنابرین، اگر دینی و یا پیامبری به خدا دروغ و حیله نسبت میدهد، حالا برای هر دلیلی که میخواهد باشد، آن دین و پیامبر نمیتواند از خدای حقیقی باشند.

ولی زندگی عیسی مسیح بر روی زمین نشان داد که او مکاشفهٔ کامل راستی و درستیِ خداوند بود زیرا که هیچ حیله و دروغی در گفتار و کار او نبود. انجیل او نیز هر گونه دروغ و حیله را، حتی دروغ مصلحت آمیز را، رد میکند. بنابرین، حق با عیسی مسیح است‌که میگوید او خودش راستی است. زیرا که نه به خدا حیله و دروغ بست، نه در گفتار و کردارش دروغ و حیله بود و نه اینکه زیر لوای مذهب دروغ و حیله را شرعی کرد. او

منبع درستی است، و درستی کامل او تنها دلیل اعتماد کامل ما به اوست، هم در زندگیمان بر روی زمین و هم برای اطمینان ابدی.

عیسی مسیح همچنین گفت که او زندگی است

انجیل در کتاب یوحنا باب ۱ آیۀ ۳ میگوید که در عیسی مسیح حیات بود و حیات نور انسان شد. پس میبینید که انجیل میگوید که، زندگی عیسی مسیح آنچنان زندگی ای است که نور آسمانی را انعکاس میدهد تا مردم بوسیلۀ نور او از تاریکی نجات پیدا کنند و آسمانی بشوند.

عیسی مسیح در انجیل خود در کتاب یوحنا باب ۵ آیۀ ۲۵ میگوید که: براستی به شما میگویم که ساعتی در حال فرارسیدن است که اگر مردگان و هم آنهایی که در قید حیات هستند صدای مرا بشنوند و به فرستندۀ من ایمان بیاورند حیات جاودانی خواهند داشت.

عیسی مسیح هم به آنهایی که مرده بودند نفس داد تا به زندگی خود بر روی زمین ادامه بدهند و هم دل آنهایی را که نفس میکشیدند لمس کرد تا زندگی جاودانی داشته باشند. او ثابت کرد که هم خودش زندگی است و هم اینکه قادر است به انسانها زندگی جاودانی بدهد. کار عیسی مسیح مثل پیامبران فقط هدایت نیست. او ابتدا دل

را از گناه تمیز میکند، بعد آنرا با روح زندگی جاودانی تازه میکند تا که آن دل بتواند در راستی و قدوسیت و عدالت و صلح و محبت هدایت بشود. زیرا که اگر دلی تمیز و تازه نشود، نمیتواند زندگی پیدا بکند تا اینکه خودش را با دل خدا هماهنگ بکند و هدایت هم بشود.

همچنین، کسی نمیتواند دلی را تمیز و تازه کند و آنرا در راستی هدایت کند مادامکه خودش زندگی و سرچشمهٔ زندگی باشد. آنکسی که میتواند این کارها را بجا بیاورد عیسی مسیح است. او زندگی و سرچشمهٔ زندگیست، و زندگی دهنده هم هست.

بنابرین، عیسی مسیح تنها راه به آسمان است. بعنوان منبع راستی و زندگی هم، او تنها راه آشکار کردن خدا به ماست تا همه در زندگیِ روزمره به خدا دسترسی پیدا کنیم و در او زندگی ابدی هم داشته باشیم. در راه عیسی مسیح هیچ پرده ای بین خدا و انسان وجود ندارد. در او انسان میتواند با خدا باشد، صدای خدا را مستقیما بشنود، مستقیما هم با خدا گفتگو کند و با او اتحاد هم داشته باشد. ما قرآن در سورهٔ شوری (۳۲) در آیهٔ ۵۱ میگوید که پرده ای خدای محمد را از او جدا کرده است و خدای اسلام هیچگاه با کسی مستقیما گفتگو نمیکند.

آیا فرق معامله را میبینید؟ واقعا نیاز دارید که به وجدانتان اجازه بدهید تا برایتان انتخاب درستی بین راه محمد و راه عیسی مسیح بکند. محمد تعلیم داد که در طریق او همیشه یک پرده ای بین او و خدا خواهد بود، ولی چنین مانعی در راه عیسی مسیح وجود ندارد. بنابرین، عیسی مسیح راه درستِ رسیدن به خداست.

دوما اینکه، عیسی مسیح اکنون در آسمان است، ولی بر اساس قرآن محمد در آسمان نیست. بروشنی آشکارستکه آنکسی که در آسمان است میتواند راه و راهنمای درستی به آسمان باشد، نه آنکسی که در آسمان نیست.

سوما، فقط زنان و مردان آسمانی میتوانند با خدا باشند و به او دسترسی داشته باشند. اگر به مسیح ایمان بیاورید شما هم میتوانید مانند او آسمانی بشوید و تا ابد با خدا باشید.

بنابرین، عیسی مسیح تنها امیدِ شناساندن خدا به مسلمانها و همه، تنها امیدِ اتحاد بین خدا و همه، و تنها امید آسمانی کردن همه است. عیسی مسیح تنها امید مسلمانها و همه برای پیروزی بر شیطان است تا از داوری آخرت آزاد بشوند. به عیسی مسیح اعتماد کن تا شادی نجات ابدی از آن تو باشد.

بسیار ممنونم از اینکه با بردباری و لطفِ خود مرا تحمل کرده بـه گفتـارهـای من از آغـاز تـا پـایـان گوش دادیـد. امیدوارم و دعای من اینستکه همهٔ آنها اسبابهایِ روشنی برای فکر و دل و زندگی شما شده باشند.

زمان نظر و اندیشه ۲۱

۱. فرق بین عیسی مسیح و یک نبی چیست؟
۲. عیسی مسیح گفت که او راه رسیدن به آسمان است. آیا دلیلی برای این ادعای او است؟
۳. عیسی مسیح از اسمان است، اکنون در آسمان است، راه آسمان را میداند و قادر هم استکه ما را به آسمان هدایت بکند. آیا مانعی استکه نمیگذارد تا پیرو او بشوی؟
۴. عیسی مسیح همچنین گفت که او راستی است. آیا زندگی او بر روی زمین بیانگر این ادعای او است؟
۵. اگر عیسی مسیح خودش راستی هست، آیا بهتر نیستکه او را بعنوان الگوی راستی و درستی خود انتخاب کنی؟
۶. روح زندگی دهندهٔ خداوند به مریم باکره امد و مریم پسری مقدس و زندگی بخش بدنیا آورد. به خاطر آن روح زندگی دهنده در عیسی مسیح بود که گفت خودش زندگی و منبع زندگی است و میتواند به ما زندگی ابدی هم بدهد. اگر تا کنون به او ایمان نیاورده ای، لطفا به او ایمان بیاور تا آن حیات ابدی شامل تو هم بشود.

منابع پایینی در این کتاب استفاده شده اند:

ترجمه های کتاب مقدس مژده برای عصر جدید بوسیلهٔ انجمنهای متحد کتاب مقدس، و همچنین کتاب مقدس ترجمهٔ قدیم.

<u>سایر منابع</u>

The Mecca Question by Jeremy Smyth
Copyright © Jeremy Smyth, 2011

محمدبن جریر طبری، تاریخ طبری ‹تاریخ الرسُل و الملوک›

<u>ترجمه های مختلف قرآن</u>

قمشه ای، نوبِل پارسی، پیکتال، یوسفعلی و دکتر محسن